Vorgänger und Nachfolger

① Notiere die Vorgänger.

119	215	328	551	733	1124	2365	4786	5240

② Notiere die Nachfolger.

125	434	681	1192	4108	6300	2743	9457	1299

③

Vorgänger								
Zahl	108	723	2312	3598	1094	766	485	5001
Nachfolger								

④

Vorgänger		400			1352			1704
Zahl	317		645			5743		
Nachfolger				9608			807	

Suche den Vorgänger und zeichne den Lösungspfeil.

⑤

1473	2000
2001	1482
1856	1472
1483	1855
2408	2407

⑥

8472	8473
8486	8471
8474	8489
8743	8485
8490	8742

Suche den Nachfolger und zeichne den Lösungspfeil.

⑦

3046	3042
3039	1871
3041	1725
1724	3047
1870	3040

⑧

12748	15348
15347	12749
12749	15342
12745	12750
15341	12746

⑨ Ordne die drei Zahlen jeweils in die Tabelle ein.

1704	499	740	2413	3456	9349	8049	10472
1705	501	738	2415	3455	9348	8050	10473
1706	500	739	2414	3454	9350	8048	10474

Vorgänger								
Zahl								
Nachfolger								

① Schreibe folgende Zahlen in die Stellenwerttafel.
6 432 680; 742 156;
17 283 945; 560 000 172;
2 396 002; 10 040 088;
570 968 123.

HM	ZM	M	HT	ZT	T	H	Z	E

② Trage die Zahlen in die Stellenwerttafel ein.

2 Millionen 62 Tausend 531
104 Milliarden 472 Tausend
8 Milliarden 5 Tausend 22
174 Millionen 624 Tausend
51 Milliarden 51 Tausend 51
2 Milliarden 11 Millionen
2 Tausend

Milliarden			Millionen			Tausender			H	Z	E

③ Vervollständige die Tabelle.

Vorgänger	Zahl	Nachfolger	um 1000 größer	um 500 kleiner
	1 452 683			
73 004 528				
		681 984 325		

④ Welche Zahl liegt in der Mitte von

576 080 342 und 576 040 342 ?

40 500 000 und 140 500 000 ?

100 047 653 und 100 047 753?

⑤ Ergänze auf 1 Million.

540 000	
888 000	
46 320	
171 000	
365 020	
740 010	
205 742	

⑥ Notiere das Doppelte von.

4 800 000	
23 000 500	
650 300	
7 041 230	
1 234 560	
30 450 745	
4 075 001	

Runden

①

Runde die Zahlen	8 241	7 302	5 678	1 004	3 837	7 092	4 199	2 555
auf Zehner								
auf Hunderter								

②

Runde die Zahlen	15 670	30 421	58 765	76 814	469	873	78 001	81 452
auf Hunderter								
auf Tausender								

Runde die Zahlen auf Zehner und zeichne die Lösungspfeile.

③

1 437	1 460
5 204	5 210
1 448	1 440
5 208	1 450
1 462	5 200

④

7 500	7 580
7 582	7 500
7 477	7 000
7 001	7 600
7 599	7 480

⑤ Runde die Zahlen auf Zehner.

42 995	
2 367 002	
579 899	
6 412 004	
89 097	

⑥ Runde auf Millionen.

21 853 791	
173 564 310	
52 487 276	
600 099 438	
24 730 012	

⑦ Runde auf volle DM.

172,43 DM	
84,82 DM	
63,49 DM	
361,01 DM	
52,90 DM	

⑧ Wie wurde hier gerundet?

748 600	auf Hunderter
90 740	
1 052 630	
461 000	
50 000	

⑨ Runde auf Hunderter und trage richtig ein.

aufgerundet								
Zahl	4 938	3 084	928	1 765	6 090	9 809	5 555	7 801
abgerundet								

⑩ Runde die Zahlen auf Zehner und addiere sie. (K = Kontrollzahl)

32; 64; 49; 81; 78: K = 300

73; 87; 115; 201; 22: K = 500

①

+	17	25	100	132	209
27					
28					
56					
73					
85					

②

+	81	107	0	264	383
29					
36					
45					
64					
92					

③

+	111	198	225	333	507
86					
53					
0					
12					
75					

④

+	283	249	151	607	816
41					
50					
78					
82					
184					

⑤

1. Summand	462	215	492	352	271	848	278	301
2. Summand	378	403	813	763	109	961	940	567
Summe								

⑥

110 + 223 =
275 + 135 =
405 + 206 =
732 + 198 =
248 + 736 =
553 + 408 =

⑦

80 + 140 + 63 =
53 + 77 + 92 =
44 + 356 + 100 =
17 + 480 + 138 =
28 + 702 + 51 =
70 + 210 + 410 =

Addiere die Zahlen und zeichne die Lösungspfeile.

⑧

1 452 + 58	1 400
960 + 440	1 450
830 + 730	1 500
566 + 934	1 510
1 075 + 375	1 560

⑨

40 + 58 + 90	122
77 + 83 + 10	140
61 + 37 + 60	158
32 + 78 + 30	170
24 + 18 + 80	188

⑩

Zahl	14	31	47	88	62	54	93	25
Ergänze auf 100								

Ungeordnete Ergebnisse: 38; 75; 53; 46; 86; 7; 12; 69.

Subtraktion natürlicher Zahlen

①

–	8	0	10	12	17
19					
24					
37					
54					
61					

②

–	15	20	27	31	42
58					
76					
65					
87					
94					

③

–	65	99	101	145	150
150					
190					
210					
350					
580					

④

–	293	380	171	435	222
480					
505					
762					
811					
999					

⑤

Minuend	400	120	380	500	282	364	751	801
Subtrahend	391	89	92	0	111	364	370	402
Differenz								

⑥

1 500 – 1 450 =
2 600 – 1 740 =
4 910 – 3 760 =
3 730 – 2 480 =
5 420 – 4 370 =
7 850 – 6 900 =

⑦

4 433 – 2 211 =
15 600 – 1 560 =
7 900 – 6 388 =
12 120 – 1 200 =
8 380 – 1 830 =
10 000 – 7 777 =

Subtrahiere die Zahlen und zeichne die Lösungspfeile.

⑧

700 – 321	379
892 – 587	148
580 – 472	305
660 – 512	99
904 – 805	108

⑨

174 – 99	2 600
321 – 123	198
1 555 – 1 454	109
2 898 – 2 789	101
4 050 – 1 450	75

⑩

Minuend	123		330		472	576		706
Subtrahend		812		108	310		470	
Differenz	79	88	194	273		243	453	542

Vermischte Übungen – Addition und Subtraktion natürlicher Zahlen

Fülle die Tafeln aus.

①

+	27		0	144	
300					485
500					
			347		
750		813			
	1 000				

②

–			112	94	
165	130				
340		185			
			325		
				502	
870					851

③ Berechne die Kettenaufgaben. Die Summe der drei Ergebnisse ist 1 000.

5 + 13 + 27 + 45 + 20 + 40 + 65 + 145 =

10 + 28 + 102 + 153 + 346 – 139 – 170 =

75 – 50 + 263 + 42 + 69 – 98 – 71 + 80 =

④ Schreibe jeweils die nächsten beiden Zahlen auf.
Wenn du diese beiden Zahlen addierst, erhältst du die Kontrollzahl in Klammern.

④

7, 12, 17, ... (49)

88, 66, 44, ... (22)

58, 72, 86, ... (214)

⑤

100, 77, 54, ... (39)

36, 52, 68, ... (184)

407, 382, 357, ... (639)

⑥

1. Summand	333		0	386	769	1 432	1 870	
2. Summand	777	0			111			503
Summe		278	481	500		1 900	2 404	1 000

⑦

Minuend	238		475		1 000	478		800
Subtrahend	181	307		14	667		0	
Differenz		0	98	752		369	427	555

Setze in jede Lücke + oder –.

⑧

850 220 370 = 1 000

1 432 0 432 = 1 000

1 785 1 010 225 = 1 000

⑨

17 4 11 5 3 = 0

22 11 30 6 9 = 0

47 28 32 53 40 = 0

⑩ Ergänze auf die vorgegebene Summe.

Zahl	111	99	202	505	0	150	436	75
Ergänzung								
Summe	500	444	1 212	707	473	1 010	999	625

Verbindungsgesetz/Vertauschungsgesetz

Setze Klammern – so dass du vorteilhaft rechnen kannst.

①

47 + 53 + 90 =
25 + 71 + 29 =
73 + 27 + 58 =
38 + 62 + 66 =
65 + 83 + 17 =
50 + 19 + 31 =
59 + 21 + 84 =
11 + 54 + 56 =
26 + 45 + 45 =
84 + 16 + 70 =

②

44 + 36 + 20 + 50 =
19 + 73 + 87 + 12 =
27 + 23 + 12 + 40 =
88 + 49 + 58 + 12 =
25 + 56 + 34 + 94 =
64 + 26 + 41 + 69 =
31 + 87 + 90 + 40 =
53 + 81 + 29 + 79 =
70 + 33 + 47 + 80 =
99 + 11 + 10 + 38 =

③ Berechne und vergleiche.

(178 – 94) + 47 =	178 – (94 + 47) =
250 – (156 – 82) =	(250 – 156) – 82 =
383 + 110 – 98 =	383 + (110 – 98) =
791 – (200 – 73) =	(791 – 200) – 73 =
500 – 351 + 1 =	500 – (351 + 1) =

④ Vertausche die Zahlen und setze Klammern, so dass du vorteilhaft rechnen kannst.

21 + 61 + 19 + 89 =

78 + 8 + 32 + 92 =

35 + 13 + 15 + 37 =

Die Summe der drei Ergebnisse beträgt 500.

⑤

(105 – 80) + 25 =
76 – (51 – 45) =
(96 + 69) – 74 =
43 + 37 + 3 =
122 + 18 – 102 =
(64 – 41) + 24 =
13 + (82 – 71) =
(41 + 15) – 54 =
187 – 48 – 39 =
90 – (52 + 37) =

Ergebnisse: 1; 2; 24; 38; 47; 50; 70; 83; 91; 100.

⑥

78 – 21 – 36 – 15 =
100 – 11 – (28 + 47) =
83 + (51 – 32) – 30 =
(66 – 33) + 27 – 27 =
140 – (55 + 76) + 18 =
10 + 20 – 30 + 40 =
20 + 68 + (94 – 92) =
92 + 21 – (15 + 48) =
242 + (75 – 51) – 200 =
(188 – 148) + 7 + 33 =

Ergebnisse: 6; 14; 27; 33; 40; 50; 66; 72; 80; 90.

Rechne vorteilhaft – wie im Beispiel.

①

143 + 12 + 98 = 155 + 100 − 2 = 253
251 + 43 + 91 =
180 + 27 + 93 =
304 + 81 + 95 =
532 + 58 + 97 =
96 + 39 + 189 =
92 + 64 + 217 =
97 + 10 + 849 =
89 + 94 + 108 =
99 + 72 + 318 =

Ergebnisse: 291; 300; 324; 373; 385; 480; 489; 687; 956.

②

178 − 97 + 43 = 178 − 100 + 46 = 124
253 − 92 + 11 =
341 − 95 + 37 =
507 + 48 − 93 =
180 + 36 − 98 =
719 − 50 − 99 =
632 + 78 − 88 =
305 − 45 − 89 =
643 − 90 + 44 =
876 − 98 + 52 =

Ergebnisse: 118; 171; 172; 283; 462; 570; 597; 622; 830.

Berechne im Kopf – nutze Rechenvorteile. (Kontrollzahl = Summe der Ergebnisse)

③

99 + 457 =
245 + 199 =
198 + 300 =
302 + 200 =
499 + 501 =

Kontrollzahl: K = 3 000

④

398 − 212 =
811 − 297 =
199 − 100 =
598 − 487 =
444 − 354 =

K = 1 000

⑤

488 − 398 =
711 + 199 =
598 − 437 =
762 − 101 =
77 + 101 =

K = 2 000

⑥ Addiere oder subtrahiere vorteilhaft.

482 + 222 + 100 + 118 + 78 =

853 + 370 + 300 − 170 + 147 =

678 − 120 − 178 + 870 − 50 =

382 − 101 + 684 − 81 + 516 =

736 + 174 − 125 + 605 − 290 =

Ergebnisse: 1 000; 1 100; 1 200; 1 400; 1 500.

Berechne im Kopf und zeichne die Lösungspfeile.

⑦

2 780 + 3 120	5 100
6 005 − 905	5 400
3 170 + 2 230	6 000
8 488 − 2 488	5 900
7 822 − 1 722	6 100

⑧

4 441 − 741	3 500
2 222 + 1 428	3 550
3 204 + 396	3 600
5 610 − 2 060	3 650
1 750 + 1 750	3 700

Schriftliches Addieren 1

①

+ 12 467 + 8 753	4 305 + 25 738	17 676 + 5 051	51 894 + 2 357	60 041 + 4 078	7 986 + 19 407
1 443 + 73 062 + 914	88 888 + 12 222 + 30 000	25 700 + 5 672 + 43 021	78 993 + 401 + 8 001	3 452 + 781 + 93 462	10 000 + 7 654 + 2 319
37 845 + 3 797 + 6 425	89 301 + 4 839 + 3 959	49 034 + 4 065 + 7 228	9 546 + 3 849 + 5 625	79 303 + 7 972 + 1 456	4 627 + 951 + 15 839

②

3 287 + 91 501 + 45 612 + 4 743 + 38 001	4 356 + 527 849 + 610 901 + 75 260 + 48 397	307 412 + 43 789 + 175 651 + 14 526 + 8 715	Addiere die drei Ergebnisse + + Zur Kontrolle: Du musst 2 000 000 erhalten!

Schreibe untereinander und addiere.

③ 4 721 + 6 802 + 523 + 12 + 23 706

④ 8 239 + 35 369 + 112 + 10 001 + 59 632

⑤ 64 + 5 983 + 14 706 + 200 421 + 1 904

⑥ 3 107 + 475 639 + 564 + 10 403 + 2 048

 + + + +	 + + + +	 + + + +	 + + + +

Ergebnisse: 223 078; 35 764; 491 761; 113 353.

⑦ Addiere.

1 756 254 706 und 5 430 219 766

Die Quersumme des Ergebnisses beträgt 50! (Quersumme = Summe der Ziffern).

Schriftliches Addieren 2

Addiere die Zahlen senkrecht und waagerecht.
Die Kontrollzahlen (K) erhältst du, indem du die drei Ergebnisse – waagerecht oder senkrecht – addierst.

①

451	353	176	980
206	138	310	
543	610	213	
1 200			K = 3 000

②

528	435	206	
469	234	178	
716	813	421	
			K = 4 000

③

639	553	287	
343	672	179	
862	931	534	
			K = 5 000

④

476	901	765	
643	792	837	
898	564	124	
			K = 6 000

⑤

35 042 + 86 734 + 20 911	64 763 + 73 710 + 42 475	14 789 + 52 610 + 65 342	60 992 + 57 408 + 48 513	21 078 + 33 134 + 14 657	92 673 + 85 281 + 76 309
14 502 + 4 798 + 421	98 + 4 204 + 87 351	56 491 + 1 000 + 78 326	15 748 + 6 666 + 22 022	4 700 + 12 345 + 54 321	888 + 9 999 + 11 111
8 170 + 7 040 + 10 500	82 104 + 94 704 + 6 904	31 057 + 70 803 + 24 960	15 001 + 14 000 + 12 199	8 453 + 11 111 + 32 657	1 347 + 2 347 + 3 347

Schreibe untereinander und addiere.

⑥ 316 510 + 42 778 + 165 542 + 1 345 + 18 824

⑦ 4 262 + 634 738 + 501 827 + 69 251 + 43 886

⑧ 90 743 + 2 783 + 54 218 + 36 123 + 17 170

____ + ____ + ____ + ____ + ____ ====	____ + ____ + ____ + ____ + ____ ====	____ + ____ + ____ + ____ + ____ ====	Addiere hier die drei Ergebnisse ____ + ____ + ____ ==== Zur Kontrolle: Du musst 2 000 000 erhalten!

Schriftliche Addition 3

①

839	14 455	34 008	200
+ 43 500	+ 73 049	+ 7 645	+ 144 701
+ 4 782	+ 51 268	+ 1 008	+ 7 473
+ 702	+ 1 800	+ 11 111	+ 36 154
+ 18	+ 18 000	+ 22 222	+ 42 895
+ 346	+ 180	+ 33 333	+ 93 784
+ 4 703	+ 49 612	+ 4 089	+ 463
+ 57 689	+ 6 554	+ 16 344	+ 64 307
+ 471	+ 94 783	+ 5 697	+ 9 789
K = 10	K = 20	K = 25	K = 40

Die Kontrollzahl (K) ist die Quersumme der Summe.

Schreibe untereinander und addiere.

② 4 372 + 23 685 + 104 + 7 003 + 365 + 146 892 + 100 + 7 321 + 28 941

③ 76 480 + 2 874 + 21 863 + 0 + 75 128 + 33 + 81 396 + 45 630 + 17 773

④ 4 580 + 14 573 + 20 001 + 134 786 + 1 111 + 46 054 + 17 + 34 976 + 99

⑤ 38 671 + 3 801 + 7 + 32 468 + 63 078 + 21 476 + 4 247 + 132 + 39 963

+	+	+	+
+	+	+	+
+	+	+	+
+	+	+	+
+	+	+	+
+	+	+	+
+	+	+	+
+	+	+	+

Zur Kontrolle: die Summe der vier Ergebnisse beträgt: 1 000 000.

⑥ Addiere die drei Zahlen.

Die größte 6-stellige Zahl:

Die kleinste 5-stellige Zahl:

Die Hälfte von 1 Million:

Addierst du zu dieser Summe 1 490 001, so erhältst du 3 000 000.

①

846 − 372	507 − 12	345 − 186	632 − 408	986 − 766	543 − 379
914 − 98	833 − 652	242 − 109	771 − 342	183 − 111	697 − 535
748 − 325	683 − 456	569 − 471	978 − 643	804 − 582	716 − 651

②

45 632 − 38 017	94 521 − 87 486	42 478 − 29 016	77 043 − 68 965
57 843 − 47 128	46 253 − 15 458	89 431 − 64 568	34 655 − 21 723

Ergebnisse: 13 462; 7 035; 10 715; 24 863; 7 615; 30 795; 12 932; 8 078.

③

5 472 − 863 − 794	8 491 − 603 − 575	7 617 − 88 − 176	4 623 − 482 − 206	3 728 − 901 − 173	8 941 − 874 − 562
7 236 − 5 412 − 1 649	9 198 − 15 − 7 802	6 060 − 1 492 − 41	5 609 − 37 − 568	1 000 − 417 − 382	2 478 − 710 − 58
4 475 − 1 036 − 2 174	7 681 − 3 549 − 2 461	3 942 − 1 124 − 1 573	8 345 − 4 402 − 3 745	9 863 − 5 161 − 2 347	6 542 − 3 004 − 1 736

Schriftliches Subtrahieren 2

①

2 348 − 562	3 742 − 604	5 768 − 999	9 473 − 6 894	5 042 − 3 179	6 078 − 4 788
5 014 − 975 − 861	5 167 − 92 − 463	39 470 − 1 352 − 8 471	20 830 − 8 457 − 7 563	40 900 − 5 070 − 11 011	30 140 − 2 389 − 4 637
22 876 − 508 − 10 731	48 342 − 10 631 − 32 457	75 680 − 4 208 − 61 480	64 522 − 33 881 − 21 763	13 104 − 772 − 10 106	28 293 − 746 − 11 507

Schreibe untereinander und subtrahiere.

② 43 425 − 6 217 − 888 − 17 352 − 12

③ 607 843 − 342 421 − 13 840 − 7 189 − 9 989

④ 3 000 000 − 450 000 − 1 563 200 − 10 − 812 042

⑤ 81 536 − 54 427 − 2 345 − 601 − 10 052

43 425	607 843	3 000 000	81 536
−	−	−	−
−	−	−	−
−	−	−	−
−	−	−	−

Ergebnisse: 234 404; 174 748; 18 956; 14 111.

⑥ Subtrahiere von 3 584 362 2 357 961.

⑦ Subtrahiere von 1 520 000 das Doppelte von 432 500.

⑧ Bestimme die Differenz zwischen 475 698 und 320 198.

⑨ Bestimme die Differenz zwischen 1 200 000 und 56 570.

Die Ergebnisse der Aufgaben 6–9 haben jeweils die Quersumme 16.

Schriftliche Subtraktion 3

①

383 500	198 352	873 645	457 806
– 38 747	– 27 131	– 100 010	– 102 671
– 150 912	– 65 268	– 717 065	– 21 803
– 4 038	– 51 070	– 241	– 13 592
– 178 729	– 39 459	– 43 208	– 301 478

Ergebnisse: 11 074; 13 121; 15 424; 18 262.

②

517 028	642 010	300 170	450 000
– 81 257	– 72 450	– 53 612	– 31 706
– 4 631	– 2 096	– 7 819	– 7 218
– 72 078	– 56 145	– 3 981	– 51 379
– 19 453	– 5 870	– 82 072	– 4 653
– 4 208	– 4 367	– 5 134	– 46 128
– 3 614	– 31 736	– 4 265	– 935
– 54 787	– 7 215	– 17 457	– 69 076
– 21 906	– 93 472	– 6 348	– 4 569

Ergebnisse: 119 482; 234 336; 255 094; 368 659.

Schreibe untereinander und subtrahiere.

③ 613 005 – 76 432 – 186 – 143 821 – 21 010 – 50 476 – 180 409 – 47 651 – 700

④ 296 300 – 64 135 – 8 462 – 27 169 – 18 564 – 74 142 – 102 – 53 906 – 4 672

⑤ 350 810 – 22 – 4 782 – 31 768 – 108 400 – 500 – 91 873 – 6 228 – 37 406

⑥ 470 609 – 5 555 – 10 230 – 178 000 – 134 568 – 87 634 – 2 000 – 1 – 40 801

Ergebnisse: 11 820; 45 148; 69 831; 92 320.

Vermischte Übungen – Schriftliche Addition und Subtraktion 1

Ordne und berechne.

①

134 520	134 520
+ 56 762	+
− 20 128	+
+ 1 743	−
Quersumme: 34	

614 529	
− 50 642	
+ 47 268	
− 39 467	
Quersumme: 35	

②

763 214	
+ 82 893	
+ 73 615	
− 256 508	
Quersumme: 22	

405 371	
+ 69 103	
− 153 217	
− 116 937	
Quersumme: 11	

③ 22 450 − 1 172 − 8 964 − 374 + 10 304 − 7 028 + 5 184 − 400

④ 41 957 − 3 711 − 9 741 + 7 638 − 8 500 − 850 − 6 321 + 1 528

⑤ 38 019 + 750 − 1 514 − 8 706 − 331 + 641 − 5 480 + 621

⑥ 67 235 − 2 384 + 2 580 + 9 458 − 7 492 − 38 308 + 222 − 5 311

Alle Ergebnisse sind volle Tausender.

Vergleiche die Ergebnisse und setze <, > oder = in die Lücken ein.

⑦

28 752	48 561	13 642	46 843
+ 3 248	− 15 561	+ 16 358	− 16 843

Vermischte Übungen – Schriftliche Addition und Subtraktion 2

① 2 765 + (3 612 – 483) – 1 890

② 5 872 – (4 503 – 342) + 291

③ (8 752 – 5 723) – (11 964 – 11 938)

④ (3 861 – 2 974) + (5 048 – 4 934)

Die Summe der vier Ergebnisse beträgt 10 010.

⑤ 6 325 – (5 296 + 954) + 4 925

⑥ (8 085 – 3 746) + 1 276 – 3 615

⑦ 9 751 – (4 275 – 3 243) + 1 281

⑧ 7 425 + 2 481 – (7 463 – 2 557)

Die Summe der vier Ergebnisse beträgt 22 000.

⑨

Berechne
110 867
+ 29 516
– 63 047
+ 112 365
– 54 103
– 87 299
+ 56 081
+ 2 620

Berechne
172 637
– 59 032
– 17 291
– 43 526
+ 2 501
+ 64 224
– 82 142
+ 70 629

Die Quersumme der Ergebnisse beträgt 8 und 9.

Vermischte Aufgaben – Schriftliche Addition und Subtraktion 3

① Bestimme die fehlenden Zahlen.

56 321 + 84 280	32	− 46 386 24 750	18	+ 75 210 93 728	23
27 439 − 10 782	25	+ 50 043 170 710	22	19 336 − 16 750	21
56 431 + 95 427	35	− 98 413 46 154	27	+ 10 324 87 654	20

Im freien Rechnungsfeld steht rechts unten die Quersumme der gesuchten Zahl.

② Ergänze die fehlenden Ziffern.

43 5 + 74 564	82 + 847 111 1	4 52 + 30 6 36	39 + 1 1 7419	2 2 + 3616 4 7	73 7 + 29 12 46
3 72 − 25 0 17	78 − 32 6 2 68	6 8 − 57 3 282	78 − 1 64 12 6	5 98 − 21 7 10	8 69 − 324 3 2
478 − 1 3191	6 37 + 57 5 2 22	7 − 3452 182	253 + 462 5 0	17 3 − 129 48	74 + 6 86 07 1

③ Bestimme die fehlende Zahl (Zur Kontrolle: Es ist eine auffällige Zahl!)

264 314 + 15 926 + 56 509 − 32 432 − 284 317		431 781 − 84 940 − − 51 625 + 38 519 313 735	

① Berechne im Kopf.

59 · 10 =	32 · 1 000 =	742 · 10 =	292 · 1 000 =
328 · 10 =	140 · 1 000 =	23 · 1 000 =	413 · 100 =
898 · 10 =	703 · 1 000 =	972 · 10 =	771 · 10 =
785 · 10 =	18 · 1 000 =	49 · 100 =	55 · 10 =
476 · 10 =	74 · 1 000 =	312 · 100 =	617 · 100 =
621 · 100 =	894 · 100 =	226 · 1 000 =	351 · 100 =
84 · 100 =	425 · 100 =	902 · 100 =	419 · 1 000 =
37 · 100 =	597 · 100 =	386 · 10 =	16 · 100 =
500 · 100 =	636 · 100 =	535 · 10 =	141 · 10 =
175 · 100 =	58 · 100 =	51 · 1 000 =	293 · 100 =

② Berechne im Kopf.

41 750 = · 10	5 190 = · 10	7 000 = · 1 000	5 350 = 535 ·
660 = · 10	5 500 = · 10	7 730 = · 10	9 020 = 902 ·
1 300 = · 100	13 200 = 132 ·	32 000 = 320 ·	64 000 = · 1 000
74 000 = 740 ·	2 650 = 265 ·	8 080 = 10 ·	7 030 = 703 ·
5 000 = · 1 000	4 600 = 46 ·	80 000 = 80 ·	53 000 = · 100
6 100 = · 10	35 100 = · 10	3 000 = · 100	5 000 = · 10
7 250 = 725 ·	15 000 = · 100	24 200 = 2 420 ·	7 100 = 71 ·
10 300 = · 100	2 340 = · 10	5 030 = · 10	830 = · 10
4 700 = · 10	6 910 = 691 ·	4 600 = · 100	2 700 = · 100
130 000 = 130 ·	30 400 = · 100	40 100 = 401 ·	48 000 = 48 ·

③ Zeichne die Lösungspfeile.

730 · 100	45 000	238 · 100	7 000
45 · 1 000	407 000	70 · 100	410 000
320 · 10	3 020	107 · 10	4 300
4 070 · 100	73 000	4 100 · 100	23 800
302 · 10	30 700	612 · 1 000	1 070
417 · 100	3 200	70 · 1 000	40 000
205 · 100	20 500	430 · 10	612 000
3 070 · 10	415 000	702 · 1 000	70 000
415 · 1 000	41 700	400 · 100	702 000

Multiplikation im Kopf

① Berechne im Kopf. Benutze Rechenvorteile.

7 · 12 =	9 · 18 =	8 · 22 =	12 · 16 =
70 · 12 =	9 · 180 =	80 · 22 =	120 · 16 =
7 · 120 =	90 · 18 =	8 · 220 =	12 · 160 =
70 · 120 =	90 · 180 =	80 · 220 =	120 · 160 =
6 · 14 =	6 · 27 =	11 · 16 =	8 · 24 =
60 · 14 =	60 · 27 =	110 · 160 =	8 · 240 =
6 · 140 =	6 · 270 =	11 · 160 =	80 · 24 =
60 · 140 =	60 · 270 =	110 · 16 =	80 · 240 =
3 · 28 =	3 · 54 =	4 · 44 =	2 · 96 =
3 · 280 =	30 · 54 =	40 · 44 =	20 · 96 =
Du erhältst drei verschiedene Ergebnisse.	Du erhältst drei verschiedene Ergebnisse.	Du erhältst drei verschiedene Ergebnisse.	Du erhältst drei verschiedene Ergebnisse.

② Berechne im Kopf.

133 = · 19	245 = 49 ·	225 = · 25	288 = · 48
130 = 26 ·	148 = 37 ·	231 = · 77	310 = 62 ·
126 = 14 ·	1 480 = · 40	217 = · 31	3 100 = 50 ·
1 260 = 90 ·	300 = 12 ·	2 170 = 310 ·	301 = 43 ·
165 = 55 ·	279 = 31 ·	264 = 44 ·	300 = 75 ·
1 650 = 30 ·	216 = 27 ·	371 = 53 ·	477 = · 53
168 = 8 ·	231 = · 33	282 = 47 ·	520 = · 65
1 680 = · 21	2 310 = · 33	180 = · 15	432 = · 72
209 = 19 ·	187 = · 11	1 800 = 120 ·	198 = · 9
155 = 31 ·	216 = 12 ·	186 = 6 ·	315 = 15 ·
Summe deiner Zahlen: 210	Summe deiner Zahlen: 200	Summe deiner Zahlen: 103	Summe deiner Zahlen: 150

③ Zeichne die Lösungspfeile.

5 · 23	180	17 · 9	153
12 · 15	192	19 · 7	306
8 · 24	115	18 · 8	133
12 · 25	189	25 · 7	245
50 · 23	1 150	37 · 4	144
8 · 45	248	51 · 6	175
6 · 52	300	42 · 8	148
9 · 21	360	35 · 7	336
8 · 31	312	29 · 6	174

Schriftliche Multiplikation

①

546 · 42	695 · 85	371 · 93	296 · 26	734 · 38
808 · 83	347 · 66	238 · 86	625 · 52	855 · 31
324 · 21	789 · 68	578 · 46	679 · 77	472 · 97
953 · 14	941 · 18	437 · 49	972 · 72	894 · 37

Ungeordnete Ergebnisse: 20 468; 53 652; 22 932; 7 696; 33 078; 26 588; 6 804; 13 342; 16 938; 21 413; 69 984; 22 902; 45 784; 32 500; 26 505; 59 075; 67 064; 34 503; 52 283; 27 892.

② Rechne im Heft und kreuze dann die richtige Lösung an.

546 · 62		32 852	535 · 24		11 840	148 · 43		5 364
		33 852			12 840			6 364
601 · 14		8 424	718 · 61		43 798	574 · 79		45 346
		8 414			53 798			45 356
238 · 71		16 898	953 · 87		82 911	667 · 93		62 031
		16 908			82 811			62 111
414 · 58		23 912	355 · 27		9 585	195 · 26		5 180
		24 012			9 475			5 070
921 · 96		88 416	835 · 32		26 720	929 · 74		68 736
		88 426			26 910			68 746
527 · 15		7 905	785 · 54		42 410	863 · 82		70 856
		8 005			42 390			70 766

Du musst neunmal die erste Lösung und neunmal die zweite Lösung angekreuzt haben.

Schriftliche Multiplikation

① 890 · 109 882 · 480 523 · 746 699 · 492

765 · 214 296 · 570 796 · 632 886 · 953

203 · 980 312 · 160 460 · 710 644 · 964

375 · 101 250 · 132 925 · 914 683 · 421

Ungeordnete Ergebnisse: 49 920; 163 710; 97 010; 343 908; 168 720; 423 360; 503 072; 37 875; 287 543; 33 000; 326 600; 844 358; 845 450; 620 816; 390 158; 198 940.

② Rechne schriftlich. Du erhältst auffällige Ergebnisse.

30 303 · 28 23 569 · 27 11 063 · 42 6 993 · 39 823 · 15

3 938 · 57 5 291 · 84 1 665 · 91 3 157 · 78 617 · 40

2 849 · 78 15 873 · 49 15 015 · 37 6 216 · 91 1 897 · 41

①

437 · 82	816 · 578	769 · 425	687 · 574
Quersumme: 23	Quersumme: 30	Quersumme: 26	Quersumme: 30
351 · 195	238 · 734	6 835 · 105	6 210 · 304
Quersumme: 27	Quersumme: 29	Quersumme: 33	Quersumme: 36

② Rechne im Heft und übertrage die Lösungen.

·	74	347	281	511	39	257
726						
542						
Summe der Ergebnisse	93 832	439 996	356 308	647 948	49 452	325 876

·	488	265	617	78	390	27
675						
191						
Summe der Ergebnisse	422 608	229 490	534 322	67 548	337 740	23 382

③ Rechne im Heft und kreuze dann die richtige Lösung an.

414 · 640		265 060
		264 960
445 · 144		64 070
		64 080
601 · 703		421 503
		422 503
179 · 82		14 698
		14 678
269 · 820		220 580
		221 480
226 · 253		57 178
		57 268

742 · 972		722 224
		721 224
527 · 929		489 583
		498 583
554 · 718		397 772
		398 772
898 · 320		277 360
		287 360
625 · 19		11 885
		11 875
335 · 660		221 100
		222 100

792 · 800		633 600
		644 500
394 · 875		343 720
		344 750
738 · 667		492 326
		492 246
261 · 355		92 655
		93 745
449 · 164		73 636
		72 626
921 · 656		605 196
		604 176

Du musst achtmal die erste Lösung und zehnmal die 2. Lösung angekreuzt haben.

Division im Kopf

① Rechne im Kopf.

5 200 : 10 =	3 900 : 100 =	4 700 : 10 =	19 000 : 1 000 =
3 750 : 10 =	4 000 : 1 000 =	30 500 : 100 =	7 200 : 100 =
4 900 : 100 =	17 100 : 100 =	41 000 : 1 000 =	52 000 : 1 000 =
79 000 : 100 =	1 960 : 10 =	70 200 : 100 =	113 000 : 1 000 =
83 000 : 1 000 =	450 : 10 =	4 250 : 10 =	1 770 : 10 =
570 : 10 =	960 : 10 =	3 990 : 10 =	13 700 : 100 =
31 000 : 100 =	21 000 : 1 000 =	9 900 : 100 =	81 000 : 1 000 =
74 000 : 10 =	6 900 : 100 =	12 200 : 100 =	79 000 : 100 =
3 600 : 100 =	4 700 : 10 =	16 000 : 1 000 =	12 700 : 10 =
42 000 : 100 =	30 100 : 100 =	30 700 : 100 =	45 400 : 100 =

② Rechne im Kopf.

12 = 1 200 :	910 = : 100	597 = : 10	128 = : 10
66 = 660 :	39 = : 10	488 = 48 800 :	6 = 6 000 :
550 = : 10	97 = : 1 000	46 = 460 :	800 = 8 000 :
19 = : 100	316 = 3 160 :	703 = 70 300 :	589 = : 10
7 = : 1 000	492 = 49 200 :	222 = : 10	93 = : 100
117 = 1 170 :	27 = 2 700 :	503 = 5 030 :	230 = 23 000 :
23 = 2 300 :	58 = : 10	37 = 37 000 :	9 = 9 000 :
54 = 54 000 :	78 = : 1 000	238 = : 10	343 = : 10
50 = 5 000 :	101 = 10 100 :	121 = : 100	81 = : 100
640 = 6 400 :	656 = 65 600 :	3 = 3 000 :	171 = 17 100 :

③ Zeichne die Lösungspfeile.

47 000 : 100	14	175 000 : 100	1 270
123 000 : 100	10 101	113 000 : 1 000	47 000
1 270 : 10	470	12 700 : 10	1 750
14 000 : 1 000	3 270	139 000 : 10	510
1 010 100 : 100	1 230	470 000 : 10	113
119 000 : 1 000	1 680	51 000 : 100	13 900
32 700 : 10	127	63 000 : 100	2 740
168 000 : 100	12	27 400 : 10	110
12 000 : 1 000	119	110 000 : 1 000	630

Division im Kopf

① Rechne im Kopf.

88 : 11 =	132 : 12 =	60 : 30 =	175 : 25 =
36 : 12 =	66 : 11 =	108 : 9 =	208 : 26 =
105 : 15 =	162 : 18 =	104 : 8 =	216 : 18 =
120 : 15 =	117 : 9 =	112 : 14 =	140 : 35 =
95 : 19 =	90 : 45 =	75 : 25 =	325 : 25 =
45 : 9 =	88 : 44 =	144 : 16 =	72 : 24 =
270 : 30 =	110 : 22 =	400 : 50 =	322 : 46 =
91 : 13 =	350 : 50 =	48 : 12 =	287 : 41 =
500 : 50 =	105 : 7 =	68 : 17 =	156 : 26 =
104 : 13 =	390 : 30 =	105 : 21 =	111 : 37 =
Summe deiner Zahlen: 70	Summe deiner Zahlen: 83	Summe deiner Zahlen: 68	Summe deiner Zahlen: 70

② Rechne im Kopf.

343 : 49 =	234 : 26 =	126 : = 14	296 : 37 =
429 : 33 =	377 : 29 =	286 : 22 =	560 : 40 =
102 : = 3	510 : = 15	112 : = 14	680 : 170 =
135 : = 5	378 : 27 =	168 : 12 =	800 : = 5
104 : = 4	132 : = 3	135 : = 3	950 : 190 =
84 : = 3	182 : = 7	294 : 21 =	720 : 180 =
432 : 36 =	264 : 33 =	384 : 32 =	850 : 170 =
588 : 42 =	462 : 42 =	230 : = 5	1 200 : = 5
117 : = 3	345 : 23 =	182 : = 13	1 600 : = 5
350 : = 14	315 : 45 =	252 : 28 =	720 : = 3
Summe deiner Zahlen: 225	Summe deiner Zahlen: 181	Summe deiner Zahlen: 184	Summe deiner Zahlen: 1 000

③ Zeichne die Lösungspfeile.

570 : 190	6	1 080 : 27	70
1 530 : 170	8	960 : 16	90
1 080 : 180	3	1 980 : 220	50
540 : 45	60	1 050 : 15	40
1 440 : 18	9	870 : 29	80
1 360 : 170	30	1 440 : 16	60
780 : 26	70	1 330 : 190	30
1 020 : 17	12	1 150 : 23	9
980 : 14	80	1 040 : 13	7

Schriftliche Division

①

	3	4	7	4	: 9 =	3	8	6	
−	2	7							
		7	7						
	−	7	2		Probe:				
			5	4	386 · 9				
		−	5	4	3 474				
				0					

	1	9	1	1	: 7 =	2	7	3	
−	1	4							
		5	1						
	−	4	9		Probe:				
			2	1	273 · 7				
		−	2	1	1 911				
				0					

	3	6	4	8	: 12 =	3	0	4	
−	3	6							
		0	4		Probe:				
	−		0		304 · 12				
			4	8	304				
		−	4	8	608				
				0	3 648				

② Rechne schriftlich. Die Kästchen geben die Anzahl der Stellen vom Ergebnis an.

2 624 : 16 = ☐☐☐

Probe:

5 824 : 7 = ☐☐☐

Probe:

8 289 : 9 = ☐☐☐

Probe:

14 763 : 21 = ☐☐☐

Probe:

15 708 : 51 = ☐☐☐

Probe:

28 823 : 41 = ☐☐☐

Probe:

51 986 : 11 = ☐☐☐☐

Probe:

77 919 : 19 = ☐☐☐☐

Probe:

70 037 : 11 = ☐☐☐☐

Probe:

① Rechne im Heft und kreuze dann das richtige Ergebnis an.

16968 : 21		808
		818
16092 : 18		874
		894
18212 : 29		628
		618
4368 : 16		273
		278
9828 : 28		361
		351
1919 : 19		11
		101

7956 : 17		468
		498
10626 : 42		258
		253
26418 : 34		772
		777
47530 : 70		679
		699
47684 : 52		917
		907
12672 : 16		792
		797

254293 : 31		8203
		823
36224 : 32		1232
		1132
456399 : 57		8017
		8007
178080 : 48		371
		3710
212184 : 28		7588
		7578
177120 : 72		2460
		2470

Du musst neunmal das erste Ergebnis und neunmal das zweite Ergebnis angekreuzt haben.

② Rechne im Heft. Du erhältst auffällige Ergebnisse.

20604 : 17 =	7245 : 21 =	16644 : 19 =	57915 : 13 =
3690 : 15 =	4998 : 14 =	13986 : 21 =	7659 : 23 =
16983 : 17 =	61812 : 12 =	174225 : 25 =	137764 : 31 =
113322 : 51 =	20979 : 27 =	20424 : 23 =	41958 : 42 =

③ Rechne im Heft und übertrage die Ergebnisse.

231543 : 39 =	137445 : 51 =	479747 : 71 =	214705 : 23 =
18736 : 16 =	116875 : 17 =	138159 : 27 =	1976 : 13 =
40672 : 62 =	4676 : 28 =	59536 : 61 =	10257 : 13 =
14611 : 19 =	3388 : 14 =	8208 : 57 =	50286 : 87 =

Ungeordnete Ergebnisse: 5117; 9335; 1171; 5937; 6875; 789; 976; 2695; 578; 144; 152; 6757; 242; 769; 656; 167.

④ Rechne im Heft und übertrage die Ergebnisse.

:	9	13	18	53	78	106
24804						
74412						
99216						
62010						

Ungeordnete Ergebnisse: 8268; 7632; 11024; 6890; 1170; 1872; 795; 954; 318; 234; 2756; 1378; 1908; 4134; 1404; 4770; 3445; 1272; 936; 702; 468; 5724; 5512; 585.

Schriftliche Division

① Diese Aufgabe kannst du auch **halbschriftlich** lösen. In den Klammern steht die Quersumme vom Ergebnis.

771 : 3 =	(14)	4 104 : 12 =	(9)	18 900 : 50 =	(18)
2 248 : 4 =	(13)	5 824 : 14 =	(11)	41 230 : 70 =	(22)
4 375 : 7 =	(13)	4 380 : 15 =	(13)	25 470 : 30 =	(21)
1 554 : 3 =	(14)	4 097 : 17 =	(7)	20 720 : 40 =	(14)
1 445 : 5 =	(19)	4 712 : 19 =	(14)	48 420 : 90 =	(16)
5 733 : 9 =	(16)	7 748 : 13 =	(20)	49 760 : 80 =	(10)
2 968 : 8 =	(11)	9 339 : 11 =	(21)	63 360 : 120 =	(15)
2 457 : 3 =	(18)	8 224 : 16 =	(10)	107 700 : 150 =	(16)

② Diese Aufgaben kannst du auch **halbschriftlich** lösen. Vorsicht! Im Ergebnis kommen viele Nullen vor.

14 063 : 7 =	13 650 : 13 =	42 560 : 14 =
27 036 : 9 =	16 056 : 8 =	210 120 : 30 =
72 096 : 12 =	56 980 : 14 =	448 000 : 70 =
9 210 : 3 =	212 100 : 7 =	324 000 : 90 =
320 624 : 8 =	75 900 : 15 =	340 000 : 40 =
300 300 : 6 =	180 300 : 6 =	244 200 : 60 =
80 404 : 4 =	387 676 : 19 =	161 600 : 80 =
454 545 : 9 =	363 636 : 12 =	455 000 : 70 =
Summe der Ergebnisse: 174 825	Summe der Ergebnisse: 123 244	Summe der Ergebnisse: 41 134

③ Diese Aufgaben kannst du auch **halbschriftlich** lösen. Schätze das Ergebnis zuerst und trage deinen Schätzwert hinter dem „S“ ein.

16 478 : 7	S / E		1 815 : 15	S / E		22 421 : 7	S / E
2 292 : 6	S / E		10 728 : 12	S / E		11 480 : 7	S / E
25 410 : 30	S / E		17 190 : 90	S / E		703 080 : 90	S / E
6 787 : 11	S / E		33 082 : 7	S / E		371 840 : 70	S / E
1 750 : 7	S / E		109 360 : 40	S / E		267 550 : 50	S / E
4 407 : 13	S / E		296 800 : 80	S / E		186 300 : 90	S / E

Summe der Ergebnisse: 4 789

Summe der Ergebnisse: 12 376

Summe der Ergebnisse: 25 388

① Rechne schriftlich. Zur Kontrolle ist die Quersumme vom Ergebnis genannt.

7 421 · 632	2 578 · 203	6 562 · 250	9 960 · 675
Quersumme: 28	Quersumme: 20	Quersumme: 16	Quersumme: 18

② Rechne schriftlich. Die Kästchen geben die Anzahl der Stellen vom Ergebnis an.

31 122 : 57 = □□□	6 431 : 59 = □□□	12 640 : 79 = □□□
Probe:	Probe:	Probe:

③ Schätze zuerst das Ergebnis. Rechne dann im Heft und übertrage das Ergebnis.
Vergleiche mit deiner Schätzung.

621 · 70	S	
	E	
199 · 67	S	
	E	
625 · 33	S	
	E	
546 · 69	S	
	E	
9 726 : 218	S	
	E	
781 · 214	S	
	E	

898 · 359	S	
	E	
156 · 632	S	
	E	
742 · 617	S	
	E	
667 · 83	S	
	E	
757 · 82	S	
	E	
546 · 734	S	
	E	

10 496 : 82	S	
	E	
36 078 : 42	S	
	E	
20 822 : 29	S	
	E	
7 761 : 13	S	
	E	
12 672 : 16	S	
	E	
4 260 : 12	S	
	E	

④ Rechne im Heft und übertrage die Ergebnisse.

:	9	15	18	45	54	135
2 700						
9 720						
2 430						
Summe der Ergebnisse	1 650	990	825	330	275	110

Vermischte Wiederholungen

① Rechne halbschriftlich. Du kannst auch im Heft rechnen und die Ergebnisse übertragen.

433 · 9 =	1 926 : 9 =	4 808 : 8 =
7 071 · 8 =	6 468 : 7 =	4 761 : 3 =
6 031 · 3 =	3 320 : 8 =	41 237 : 7 =
4 257 · 5 =	1 668 : 3 =	8 216 : 4 =
7 167 · 3 =	4 326 : 6 =	15 288 : 6 =
4 125 · 7 =	4 200 : 5 =	73 278 : 9 =
6 289 · 6 =	7 175 : 7 =	8 430 : 6 =
4 751 · 4 =	8 580 : 4 =	65 208 : 12 =

Mache die Probe indem du bei Multiplikationsaufgaben dividierst und bei Divisionsaufgaben multiplizierst.

② Kreuze die richtigen Ergebnisse an.

669 · 27		18 063	410 · 78		31 980	3 315 : 17		195
		19 163			31 880			196
507 · 71		34 097	390 · 113		44 070	72 177 : 21		3 427
		35 997			44 170			3 437
324 · 46		15 004	156 · 359		56 014	95 625 : 51		1 875
		14 904			56 004			1 945
218 · 39		8 502	312 · 566		176 582	6 318 : 18		371
		8 512			176 592			351
363 · 54		19 912	429 · 253		108 537	8 775 : 75		115
		19 602			108 557			117
796 · 23		18 308	156 · 152		23 792	6 552 : 42		151
		17 408			23 712			156

Du musst achtmal das erste Ergebnis und zehnmal das zweite Ergebnis angekreuzt haben.

③ Übertrage dein Ergebnis in die Lücke der nächsten Aufgabe.
Am Ende eines Blockes kommen drei von folgenden Ergebnissen heraus: 9; 5; 7; 21; 12.

128 160 : 15 =	20 160 : 16 =	71 · 16 =
: 12 =	: 5 =	· 24 =
· 64 =	· 24 =	: 16 =
: 32 =	: 9 =	: 24 =
: 16 =	· 15 =	· 56 =
· 105 =	: 96 =	: 28 =
: 21 =	· 7 =	· 6 =
: 89 =	: 105 =	: 71 =

Hier einige Zwischenergebnisse. 6 048; 142; 1 424; 1 704; 9 345; 10 080.

① Löse die Aufgaben wie im Beispiel.

(52 + 38) · 4 = 90 · 4 = 360	(3 + 28) · 3 = =	(59 + 17) · 6 = =
(29 + 31) · 3 = =	(13 + 46) · 4 = =	(20 + 31) · 6 = =
(34 + 36) · 6 = =	(8 + 76) · 7 = =	(33 + 19) · 5 = =
(63 + 17) · 3 = =	(51 + 19) · 6 = =	(10 + 71) · 3 = =
(19 + 21) · 6 = =	(31 + 69) · 9 = =	(11 + 32) · 6 = =
(74 + 16) · 9 = =	(13 + 22) · 6 = =	(81 + 9) · 9 = =
(36 + 44) · 8 = =	(3 + 73) · 7 = =	(32 + 10) · 4 = =
(8 + 73) · 8 = =	(53 + 3) · 5 = =	(15 + 32) · 7 = =

Summe der Ergebnisse: 3 538 Summe der Ergebnisse: 3 259 Summe der Ergebnisse: 2 830

② Löse die Aufgaben wie im Beispiel.

7 · 13 + 6 · 13 = (7 + 6) · 13 = 13 · 13 = 169	96 · 3 − 26 · 3 = = =
3 · 22 + 4 · 22 = = =	95 · 5 − 75 · 5 = = =
3 · 16 + 5 · 16 = = =	85 · 2 − 83 · 2 = = =
12 · 21 + 9 · 21 = = =	92 · 8 − 81 · 8 = = =
2 · 16 + 4 · 16 = = =	49 · 9 − 45 · 9 = = =
9 · 17 + 6 · 17 = = =	96 · 5 − 83 · 5 = = =
11 · 7 + 4 · 7 = = =	54 · 3 − 36 · 3 = = =
11 · 14 + 7 · 14 = = =	93 · 7 − 87 · 7 = = =

Ungeordnete Ergebnisse: 128; 54; 42; 105; 210; 96; 252; 441; 255; 100; 65; 4; 154; 36; 88.

③ Löse die Aufgaben wie im Beispiel.

59 · 13 + 31 · 13 = 90 · 13 = 1 170	42 · 7 + 18 · 7 = =	17 · 19 + 63 · 19 = =
36 · 9 + 24 · 9 = =	26 · 19 + 64 · 19 = =	28 · 9 − 18 · 9 = =
23 · 3 + 27 · 3 = =	47 · 2 + 63 · 2 = =	58 · 16 + 42 · 16 = =
58 · 8 + 52 · 8 = =	53 · 10 + 7 · 10 = =	5 · 7 + 45 · 7 = =
55 · 14 − 5 · 14 = =	34 · 20 + 66 · 20 = =	46 · 18 + 24 · 18 = =
17 · 10 + 53 · 10 = =	59 · 3 + 51 · 3 = =	5 · 13 + 35 · 13 = =
37 · 8 + 63 · 8 = =	45 · 17 + 5 · 17 = =	45 · 9 − 15 · 9 = =
3 · 17 + 57 · 17 = =	32 · 10 − 22 · 10 = =	59 · 15 − 39 · 15 = =

Ungeordnete Ergebnisse: 700; 330; 1 020; 1 710; 1 260; 90; 800; 850; 150; 2 000; 880; 1 600; 700; 270; 600; 540; 100; 350; 1 520; 520; 300; 420; 220.

④ Rechne im Kopf.

(73 + 7) : (12 − 4) =	(127 + 83) : (21 − 14) =	(352 − 72) : (39 + 31) =
(156 + 114) : (111 − 21) =	(256 + 224) : (76 + 44) =	(917 − 77) : (91 + 29) =
(441 + 39) : (67 − 27) =	(215 + 135) : (133 − 63) =	(681 − 51) : (21 + 49) =
(41 − 37) · (52 + 18) =	(33 + 57) · (27 − 19) =	(12 − 9) · (71 + 49) =
(53 − 46) · (46 + 54) =	(21 + 19) · (17 − 5) =	(34 + 26) · (21 − 9) =

Punkt – vor Strichrechnung

① Löse die Aufgaben wie im Beispiel.

61 + 21 · 4 = 61 + 84 = 145	17 + 11 · 6 = =	9 · 18 + 44 = =
16 + 9 · 8 = =	10 + 62 · 3 = =	5 · 82 + 8 = =
13 + 6 · 22 = =	51 + 19 · 6 = =	47 · 3 + 36 = =
52 + 16 · 4 = =	11 + 55 · 7 = =	27 · 6 + 55 = =
10 + 23 · 6 = =	77 + 21 · 6 = =	16 · 4 + 11 = =
60 + 8 · 7 = =	27 + 25 · 7 = =	3 · 35 + 36 = =
26 + 50 · 9 = =	33 + 21 · 9 = =	9 · 4 + 85 = =
14 + 32 · 3 = =	51 + 38 · 5 = =	3 · 38 + 33 = =

② Löse die Aufgaben ohne Zwischenschritt im Kopf.

3 · 30 + 69 =	58 + 14 · 3 =	3 · 3 + 52 =	12 + 15 · 8 =
9 · 20 + 27 =	23 + 25 · 4 =	3 · 47 + 44 =	15 · 3 + 72 =
8 · 19 + 14 =	34 + 12 · 6 =	35 + 4 · 18 =	31 + 40 · 5 =
5 · 26 + 51 =	6 + 41 · 3 =	10 + 14 · 3 =	29 + 3 · 5 =
5 · 18 + 49 =	25 + 6 · 7 =	6 · 22 + 45 =	6 · 12 + 58 =
4 · 50 + 26 =	34 + 50 · 5 =	12 + 60 · 3 =	75 + 10 · 6 =
6 · 41 + 20 =	43 + 18 · 3 =	76 + 6 · 3 =	13 + 11 · 3 =
3 · 26 + 14 =	3 + 32 · 7 =	8 · 20 + 17 =	9 · 5 + 42 =

Ungeordnete Ergebnisse von Aufgabe 1 und 2: 202; 116; 217; 165; 88; 83; 116; 145; 266; 92; 181; 75; 196; 185; 61; 159; 418; 106; 44; 396; 148; 141; 121; 147; 476; 110; 222; 203; 177; 100; 132; 207; 166; 284; 177; 107; 129; 139; 226; 177; 97; 227; 135; 192; 46; 87; 130; 117; 52; 231; 67; 94; 123; 206; 241; 116.

③ Löse die Aufgaben wie im Beispiel.

540 + 12 · 8 – 4 · 3 = 540 + 96 – 12 = 624	680 – 18 · 4 – 11 · 3 = =
560 – 15 · 9 – 18 · 7 = =	680 + 3 · 9 – 18 · 5 = =
300 + 7 · 5 – 4 · 25 = =	570 – 21 · 4 – 3 · 2 = =
440 – 7 · 14 – 9 · 9 = =	320 – 15 · 3 – 21 · 9 = =
960 + 19 · 5 – 10 · 5 = =	600 – 16 · 6 – 3 · 6 = =
790 – 19 · 5 – 18 · 7 = =	270 + 12 · 5 – 20 · 3 = =
330 + 4 · 6 – 17 · 3 = =	680 + 4 · 5 – 19 · 8 = =
610 – 11 · 6 – 15 · 4 = =	890 – 10 · 7 – 4 · 9 = =
390 – 17 · 3 – 21 · 7 = =	100 + 14 · 4 + 11 · 8 = =
170 – 4 · 6 – 15 · 6 = =	290 – 10 · 3 – 17 · 8 = =
670 – 13 · 5 – 19 · 5 = =	130 – 8 · 2 – 11 · 5 = =
220 + 19 · 8 – 14 · 6 = =	180 – 13 · 4 – 8 · 6 = =

Ungeordnete Ergebnisse: 261; 303; 124; 80; 575; 299; 569; 244; 510; 288; 548; 192; 1 005; 270; 617; 86; 480; 784; 484; 235; 486; 59; 56.

① Benutze beim Rechnen Rechenvorteile.

2 · 17 · 5 =	6 · 9 · 25 =	7 · 4 · 19 · 25 =
6 · 32 · 5 =	8 · 8 · 25 =	6 · 4 · 32 · 25 =
4 · 27 · 25 =	25 · 19 · 4 =	5 · 17 · 8 · 25 =
35 · 9 · 2 =	4 · 31 · 25 =	8 · 12 · 6 · 25 =
45 · 12 · 2 =	16 · 9 · 5 =	6 · 4 · 25 · 12 =
36 · 10 · 5 =	32 · 11 · 5 =	9 · 4 · 17 · 25 =
18 · 25 · 4 =	8 · 21 · 25 =	4 · 35 · 5 · 2 =
25 · 17 · 8 =	4 · 63 · 25 =	4 · 77 · 5 · 5 =

Summe der Ergebnisse: 12 540 | Summe der Ergebnisse: 20 930 | Summe der Ergebnisse: 95 500

② Berechne.

(3 + 14) · 8 =	47 + 3 · 5 =	19 · 3 + 30 =
(51 + 44) · 4 =	26 + 4 · 9 =	55 · 5 + 11 =
(62 + 7) · 6 =	44 + 15 · 3 =	5 · 54 + 2 =
(20 + 19) · 4 =	11 + 60 · 9 =	3 · 43 + 36 =
(55 + 43) · 3 =	28 + 44 · 4 =	51 · 7 + 37 =
(34 + 23) · 7 =	10 + 12 · 9 =	12 + 44 · 8 =
(64 + 12) · 8 =	48 + 2 · 7 =	50 + 16 · 8 =
(51 + 30) · 3 =	7 + 53 · 4 =	7 · 72 + 3 =

Ungeordnete Ergebnisse: 89; 414; 380; 118; 294; 243; 204; 136; 551; 286; 62; 507; 219; 394; 156; 62; 87; 165; 399; 62; 272; 178; 608; 364.

③ Berechne schriftlich oder im Kopf.

37 · 11 − 17 · 11 =	38 · 10 + 52 · 10 =
52 · 5 + 28 · 5 =	36 · 4 + 34 · 4 =
33 · 16 + 7 · 16 =	53 · 2 − 13 · 2 =
21 · 11 + 9 · 11 =	21 · 11 + 9 · 11 =
8 · 17 + 42 · 17 =	32 · 17 + 58 · 17 =
23 · 19 + 27 · 19 =	23 · 5 + 57 · 5 =
54 · 8 + 26 · 8 =	12 · 16 + 4 · 16 =
51 · 3 + 59 · 3 =	3 · 23 + 9 · 23 =

Ungeordnete Ergebnisse: 640; 400; 220; 1 530; 276; 400; 256; 850; 330; 80; 330; 900; 330; 950; 640; 280.

④ Rechne im Kopf (alle Ergebnisse sind durch 10 teilbar).

21 · (43 − 35) + 2 =	7 · (16 + 9) + 5 =	161 : (21 − 14) + 7 =
19 · (86 − 79) + 7 =	9 · (27 + 8) + 5 =	126 : (35 − 26) + 36 =
8 · (93 − 76) + 4 =	4 · (13 + 11) + 4 =	117 : (52 − 39) + 11 =
9 · (73 − 58) + 5 =	5 · (31 − 19) + 20 =	162 : (75 − 57) + 21 =
7 · (67 − 45) + 16 =	6 · (42 + 9) + 44 =	154 : (53 − 39) + 9 =

Aussagen

① Kennzeichne wahre Aussagen mit (w) und falsche Aussagen mit (f).

$5 + 6 = 12$	$21 - 17 = 5$	$21 - 12 = 36 : 4$
$9 + 13 = 22$	$17 + 4 \cdot 2 = 25$	$9 + 16 = 5 \cdot 5$
$11 + 17 = 29$	$31 - 4 \cdot 7 = 3$	$21 - 7 = 56 : 4$
$3 \cdot 4 + 5 = 19$	$2 \cdot 3 + 3 \cdot 3 = 15$	$17 + 13 = 6 \cdot 6$
$2 \cdot 7 + 8 = 22$	$11 \cdot 4 - 3 \cdot 4 = 32$	$4 + 11 = 75 : 5$
$3 + 4 \cdot 5 = 35$	$31 + 5 \cdot 2 - 2 = 39$	$3 \cdot 12 = 6 \cdot 6$
$3 \cdot 7 + 2 = 23$	$6 \cdot 2 + 5 - 4 = 12$	$4 + 3 \cdot 2 = 100 : 10$
$41 - 2 \cdot 3 = 35$	$3 \cdot 7 + 6 \cdot 7 = 63$	$7 + 15 = 66 : 3$

Du musst 17 wahre und 7 falsche Aussagen gefunden haben.

② Kennzeichne wahre Aussagen mit (w) und falsche Aussagen mit (f).

$3 \cdot (14 + 16) = 90$	$(7 + 12) \cdot 5 = 85$	$3 \cdot 7 + 8 \cdot 7 = 77$
$7 \cdot (21 + 14) = 205$	$(6 + 11) \cdot 9 = 163$	$4 \cdot 13 + 3 \cdot 13 = 93$
$5 \cdot (18 + 12) = 100$	$(23 - 6) \cdot 5 = 85$	$11 \cdot 12 - 6 \cdot 12 = 60$
$6 \cdot (32 + 18) = 300$	$(45 - 38) \cdot 9 = 64$	$21 \cdot 14 - 17 \cdot 14 = 46$
$4 \cdot (12 + 13) = 100$	$(51 - 34) \cdot 6 = 102$	$6 \cdot 18 + 3 \cdot 18 = 172$
$3 \cdot (38 + 32) = 180$	$(17 + 3) \cdot 11 = 220$	$21 \cdot 19 - 12 \cdot 19 = 173$
$9 \cdot (71 + 29) = 900$	$(21 - 4) \cdot 8 = 136$	$6 \cdot 8 + 9 \cdot 8 = 120$
$2 \cdot (121 + 29) = 300$	$(16 + 12) \cdot 5 = 130$	$34 \cdot 12 - 27 \cdot 12 = 84$

Du musst 12 wahre und 12 falsche Aussagen gefunden haben.

③ Setze =, < oder > ein, so dass wahre Aussagen entstehen.

$9 \cdot 4$	$40 - 4$	$6 \cdot 21$	$42 \cdot 3$	$(4 + 7) \cdot 5$	$60 - 5$
$3 \cdot 12$	$4 \cdot 9$	$17 \cdot 9$	$600 : 4$	$(3 + 12) \cdot 7$	$5 \cdot 20$
$9 \cdot 19$	$200 - 20$	$8 \cdot 18$	$45 \cdot 3$	$(21 - 14) \cdot 9$	$7 \cdot 12$
$7 \cdot 15$	$130 - 35$	$63 : 7$	$66 : 6$	$(42 - 28) \cdot 5$	$7 \cdot 10$
$8 \cdot 18$	$160 - 12$	$5 \cdot 19$	$4 \cdot 25$	$(3 + 12) \cdot 8$	$80 + 40$
$9 \cdot 17$	$120 + 33$	$7 \cdot 17$	$120 - 1$	$(25 - 16) \cdot 6$	$6 \cdot 9$
$3 \cdot 15$	$90 : 2$	$6 \cdot 51$	$360 - 54$	$(31 - 23) \cdot 8$	$7 \cdot 9$
$4 \cdot 23$	$9 \cdot 10$	$7 \cdot 22$	$12 \cdot 12$	$(12 + 7) \cdot 9$	$13 \cdot 13$

Du musst elfmal =, achtmal > und fünfmal < eingesetzt haben.

④ Setze =, < oder > ein, so dass wahre Aussagen entstehen.

$(51 + 9) : (17 + 3)$	3	$(17 + 53) : (16 - 9)$	8	$(65 - 14) : (9 + 8)$	4
$(42 - 7) : (14 - 9)$	7	$(51 + 29) : (12 - 4)$	10	$(99 - 15) : (20 - 8)$	7
$(19 + 45) : (12 - 4)$	7	$(66 - 38) : (11 - 4)$	5	$(12 + 57) : (30 - 7)$	3
$(21 + 56) : (7 + 4)$	9	$(98 - 34) : (13 - 9)$	14	$(14 + 62) : (8 + 11)$	4

Du musst sechsmal =, dreimal > und dreimal < eingesetzt haben.

① Bestimme die Lösungsmenge.

9 · x = 36	L = { }	7 · x = 112	L = { }	5 · x = 45	L = { }
7 · x = 28	L = { }	6 · x = 24	L = { }	7 · x = 49	L = { }
4 · x = 36	L = { }	9 · x = 63	L = { }	8 · x = 48	L = { }
6 · x = 90	L = { }	8 · x = 72	L = { }	6 · x = 42	L = { }
3 · x = 24	L = { }	6 · x = 54	L = { }	9 · x = 45	L = { }
5 · x = 40	L = { }	7 · x = 63	L = { }	4 · x = 32	L = { }
6 · x = 48	L = { }	9 · x = 99	L = { }	8 · x = 56	L = { }
7 · x = 56	L = { }	8 · x = 96	L = { }	4 · x = 44	L = { }

Ungeordnete Ergebnisse: 9; 15; 4; 8; 8; 8; 9; 11; 7; 9; 7; 5; 8; 12; 8; 4; 7; 9; 11; 6; 16; 4; 9; 7.

② Bestimme die Lösungsmenge.

8 · x = 104	L = { }	3 · x = 45	L = { }	4 · x = 68	L = { }
6 · x = 102	L = { }	8 · x = 136	L = { }	9 · x = 135	L = { }
9 · x = 108	L = { }	5 · x = 95	L = { }	7 · x = 133	L = { }
4 · x = 52	L = { }	4 · x = 76	L = { }	5 · x = 85	L = { }
7 · x = 126	L = { }	6 · x = 84	L = { }	8 · x = 112	L = { }
3 · x = 57	L = { }	2 · x = 54	L = { }	3 · x = 51	L = { }
5 · x = 60	L = { }	7 · x = 119	L = { }	2 · x = 94	L = { }
2 · x = 66	L = { }	9 · x = 171	L = { }	6 · x = 78	L = { }

Ungeordnete Ergebnisse: 13; 17; 19; 19; 14; 17; 13; 15; 47; 18; 27; 13; 17; 19; 17; 12; 17; 15; 12; 19; 17; 33; 19; 14.

③ Bestimme die Lösungsmenge.

2 · x + 3 = 7	L = { }	7 · x + 9 = 30	L = { }	4 · x + 16 = 40	L = { }
7 · x + 1 = 8	L = { }	6 · x + 12 = 54	L = { }	7 · x − 21 = 42	L = { }
4 · x − 6 = 6	L = { }	2 · x + 20 = 36	L = { }	5 · x + 13 = 48	L = { }
3 · x + 9 = 12	L = { }	9 · x − 15 = 48	L = { }	3 · x − 9 = 15	L = { }
4 · x + 4 = 40	L = { }	8 · x + 6 = 54	L = { }	8 · x + 9 = 41	L = { }
3 · x + 2 = 17	L = { }	6 · x − 8 = 4	L = { }	6 · x + 14 = 44	L = { }
9 · x − 6 = 30	L = { }	7 · x + 12 = 19	L = { }	9 · x − 24 = 30	L = { }
3 · x + 8 = 20	L = { }	9 · x + 15 = 60	L = { }	7 · x − 13 = 43	L = { }

Ungeordnete Ergebnisse: 9; 7; 7; 2; 5; 4; 5; 8; 6; 1; 7; 8; 4; 6; 9; 1; 1; 6; 4; 2; 5; 3; 3; 8.

④ Bestimme die Lösungsmenge.

15 + 3 · x − 10 = 32 L = { }

21 + 3 · x + 40 = 85 L = { }

21 − 3 · x + 13 = 13 L = { }

47 + 4 · x − 30 = 69 L = { }

57 + 5 · x − 30 = 87 L = { }

51 + 5 · x − 47 = 104 L = { }

Ungeordnete Ergebnisse: 7; 8; 20; 13; 9; 12.

① Bestimme die Lösungsmenge.

$3 \cdot x - 19 = 56$ L = { }	$5 \cdot x - 17 = 93$ L = { }	$5 \cdot x - 12 = 83$ L = { }
$4 \cdot x - 12 = 108$ L = { }	$4 \cdot x + 60 = 200$ L = { }	$3 \cdot x + 31 = 109$ L = { }
$6 \cdot x + 22 = 142$ L = { }	$6 \cdot x - 46 = 200$ L = { }	$2 \cdot x + 72 = 148$ L = { }
$7 \cdot x - 14 = 140$ L = { }	$8 \cdot x + 30 = 750$ L = { }	$5 \cdot x + 21 = 231$ L = { }
$5 \cdot x + 15 = 180$ L = { }	$7 \cdot x + 10 = 500$ L = { }	$8 \cdot x - 14 = 402$ L = { }
$9 \cdot x - 27 = 423$ L = { }	$2 \cdot x + 28 = 100$ L = { }	$4 \cdot x - 35 = 105$ L = { }
$7 \cdot x - 41 = 379$ L = { }	$5 \cdot x + 45 = 300$ L = { }	$5 \cdot x + 28 = 138$ L = { }
$6 \cdot x - 30 = 300$ L = { }	$3 \cdot x + 13 = 100$ L = { }	$4 \cdot x + 31 = 331$ L = { }

Ungeordnete Ergebnisse: 50; 36; 60; 20; 30; 35; 51; 26; 35; 29; 38; 41; 22; 22; 75; 52; 25; 33; 55; 22; 90; 19; 70; 42.

② Bestimme die Lösungsmenge.

$7 \cdot x + 56 = 140$ L = { }	$7 \cdot x - 15 = 111$ L = { }	$128 : x + 4 = 20$ L = { }
$5 \cdot x + 35 = 140$ L = { }	$6 \cdot x + 36 = 222$ L = { }	$144 : x + 12 = 20$ L = { }
$9 \cdot x - 43 = 110$ L = { }	$9 \cdot x + 135 = 333$ L = { }	$225 : x + 17 = 26$ L = { }
$5 \cdot x + 50 = 180$ L = { }	$3 \cdot x + 28 = 130$ L = { }	$117 : x + 17 = 26$ L = { }
$3 \cdot x + 71 = 170$ L = { }	$5 \cdot x + 77 = 282$ L = { }	$198 : x + 11 = 22$ L = { }
$8 \cdot x - 70 = 410$ L = { }	$7 \cdot x + 35 = 343$ L = { }	$156 : x + 17 = 69$ L = { }
$6 \cdot x - 52 = 260$ L = { }	$8 \cdot x + 24 = 592$ L = { }	$128 : x + 31 = 63$ L = { }
$7 \cdot x - 32 = 80$ L = { }	$5 \cdot x + 30 = 300$ L = { }	$98 : x + 6 = 20$ L = { }

Ungeordnete Ergebnisse: 26; 34; 71; 60; 25; 3; 4; 44; 18; 21; 33; 54; 31; 8; 13; 12; 17; 41; 22; 18; 52; 16; 18; 7.

③ Bestimme die Lösungsmenge.

$3 \cdot (x + 3) = 18$ L = { }	$7 \cdot (x + 11) = 105$ L = { }	$3 \cdot (x - 17) = 12$ L = { }
$7 \cdot (x + 5) = 84$ L = { }	$5 \cdot (x + 21) = 150$ L = { }	$5 \cdot (50 - x) = 80$ L = { }
$9 \cdot (x - 2) = 63$ L = { }	$9 \cdot (x + 6) = 81$ L = { }	$7 \cdot (48 - x) = 224$ L = { }
$6 \cdot (x - 8) = 18$ L = { }	$6 \cdot (x + 34) = 240$ L = { }	$6 \cdot (x - 42) = 18$ L = { }
$5 \cdot (x + 2) = 35$ L = { }	$8 \cdot (x + 17) = 176$ L = { }	$9 \cdot (62 - x) = 45$ L = { }
$8 \cdot (x + 9) = 120$ L = { }	$7 \cdot (x + 53) = 420$ L = { }	$8 \cdot (70 - x) = 72$ L = { }
$6 \cdot (x + 11) = 114$ L = { }	$6 \cdot (x + 16) = 144$ L = { }	$4 \cdot (x - 42) = 112$ L = { }
$9 \cdot (x + 7) = 99$ L = { }	$4 \cdot (x + 31) = 172$ L = { }	$6 \cdot (72 - x) = 252$ L = { }

Ungeordnete Ergebnisse: 3; 5; 8; 6; 8; 57; 9; 9; 21; 11; 7; 61; 4; 12; 45; 16; 5; 6; 70; 34; 30; 4; 3; 7.

④ Bestimme die Lösungsmenge.

$21 - 3 \cdot x + 34 = 46$	L = { }	$17 + 7 \cdot x - 21 = 66$	L = { }
$50 + 4 \cdot x - 27 = 43$	L = { }	$51 + 3 \cdot x - 44 = 58$	L = { }
$71 + 2 \cdot x - 60 = 33$	L = { }	$12 - 2 \cdot x + 31 = 25$	L = { }

Ungeordnete Ergebnisse: 5; 17; 9; 3; 10; 11.

① Bestimme die Lösungsmenge. $G = \{3, 4, 5, 6, 7, 8, 9, 10, 11, 12\}$

$3 \cdot x > 25$	$L = \{ \quad \}$	$x + 31 > 36$	$L = \{ \quad \}$
$5 \cdot x > 48$	$L = \{ \quad \}$	$12 - x > 4$	$L = \{ \quad \}$
$3 \cdot x > 20$	$L = \{ \quad \}$	$31 - x < 25$	$L = \{ \quad \}$
$9 \cdot x > 60$	$L = \{ \quad \}$	$x + 21 > 30$	$L = \{ \quad \}$
$8 \cdot x < 50$	$L = \{ \quad \}$	$x + 17 < 25$	$L = \{ \quad \}$
$7 \cdot x < 60$	$L = \{ \quad \}$	$41 - x < 33$	$L = \{ \quad \}$
$9 \cdot x < 70$	$L = \{ \quad \}$	$12 + x > 25$	$L = \{ \quad \}$
$5 \cdot x < 41$	$L = \{ \quad \}$	$x - 7 > 2$	$L = \{ \quad \}$

In diesen Lösungsmengen sind insgesamt 40 Elemente — In diesen Lösungsmengen sind insgesamt 33 Elemente

② Bestimme die Lösungsmenge. $G = \{3, 5, 7, 9, 11, 13, 15, 17, 19, 21\}$

$3 \cdot x + 7 > 45$	$L = \{ \quad \}$	$4 \cdot x - 9 < 40$	$L = \{ \quad \}$
$4 \cdot x - 9 > 47$	$L = \{ \quad \}$	$13 + 5 \cdot x > 100$	$L = \{ \quad \}$
$7 \cdot x - 20 < 20$	$L = \{ \quad \}$	$31 + 2 \cdot x > 60$	$L = \{ \quad \}$
$3 \cdot x + 11 < 45$	$L = \{ \quad \}$	$5 \cdot x + 12 > 51$	$L = \{ \quad \}$
$5 \cdot x + 9 > 83$	$L = \{ \quad \}$	$9 \cdot x - 20 < 57$	$L = \{ \quad \}$
$6 \cdot x + 17 < 72$	$L = \{ \quad \}$	$8 \cdot x - 11 < 89$	$L = \{ \quad \}$
$7 \cdot x - 30 > 50$	$L = \{ \quad \}$	$3 \cdot x + 70 > 121$	$L = \{ \quad \}$
$9 \cdot x - 25 > 130$	$L = \{ \quad \}$	$4 \cdot x - 11 < 40$	$L = \{ \quad \}$

In diesen Lösungsmengen sind insgesamt 31 Elemente — In diesen Lösungsmengen sind insgesamt 35 Elemente

③ Bestimme die Lösungsmenge. $G = \{3, 6, 9, 12, 15, 18, 21, 24, 27, 30\}$

$54 - 3 \cdot x > 10$	$L = \{ \quad \}$	$(42 - x) \cdot 3 > 80$	$L = \{ \quad \}$
$71 + 2 \cdot x > 110$	$L = \{ \quad \}$	$(11 + x) \cdot 2 < 50$	$L = \{ \quad \}$
$60 + 5 \cdot x > 160$	$L = \{ \quad \}$	$(25 + x) \cdot 4 > 180$	$L = \{ \quad \}$
$2 \cdot x + 8 < 30$	$L = \{ \quad \}$	$(19 + x) \cdot 3 < 100$	$L = \{ \quad \}$
$3 \cdot x + 12 < 50$	$L = \{ \quad \}$	$(12 + x) \cdot 2 > 70$	$L = \{ \quad \}$
$4 \cdot x - 7 > 70$	$L = \{ \quad \}$	$(50 - x) \cdot 2 > 70$	$L = \{ \quad \}$
$2 \cdot x + 12 < 20$	$L = \{ \quad \}$	$(31 + x) \cdot 3 < 130$	$L = \{ \quad \}$
$91 - 3 \cdot x > 60$	$L = \{ \quad \}$	$(x + 15) \cdot 6 < 190$	$L = \{ \quad \}$

In diesen Lösungsmengen sind insgesamt 27 Elemente — In diesen Lösungsmengen sind insgesamt 32 Elemente

④ Bestimme die Lösungsmenge. $G = \{1, 2, 3, 4, \ldots, 97, 98, 99, 100\}$ (Insgesamt 38 Elemente)

$23 < x < 30$	$L = \{ \quad \}$	$73 < x < 79$	$L = \{ \quad \}$
$73 < x < 80$	$L = \{ \quad \}$	$47 > x > 40$	$L = \{ \quad \}$
$56 < x < 63$	$L = \{ \quad \}$	$59 > x > 57$	$L = \{ \quad \}$
$17 > x > 13$	$L = \{ \quad \}$	$54 < x < 60$	$L = \{ \quad \}$

Größen: Geld

①

7 EUR	23 EUR	112 EUR	76 EUR	1 EUR	258 EUR	412 EUR	1 204 EUR	333 EUR
700 ct								

②

500 ct	1 700 ct	3 000 ct	4 500 ct	8 900 ct	10 500 ct	34 800 ct	200 ct	7 800 ct
5 EUR								

Schreibe in EUR.

③

6 EUR 40 ct =
11 EUR 15 ct =
7 EUR 70 ct =
25 EUR 25 ct =
50 ct =
9 EUR =

④

115 EUR 5 ct =
83 EUR 17 ct =
306 EUR =
47 EUR 1 ct =
4 232 ct =
6 EUR 45 ct =

Ergebnisse: Die Summe der sechs EUR Beträge lautet: 60,00 EUR und 600,00 EUR.

⑤

123,42 EUR + 48,97 EUR + 61,02 EUR	458,70 EUR + 376,20 EUR + 924,10 EUR	334,65 EUR + 106,03 EUR + 842,10 EUR	790,01 EUR + 356,43 EUR + 674,92 EUR	1 000,48 EUR + 841,55 EUR + 667,25 EUR	382,03 EUR + 75,07 EUR + 406,04 EUR
562,75 EUR − 451,25 EUR − 103,50 EUR	638,17 EUR − 281,52 EUR − 301,71 EUR	873,69 EUR − 352,43 EUR − 111,74 EUR	432,70 EUR − 147,51 EUR − 213,62 EUR	134,05 EUR − 65,47 EUR − 65,47 EUR	306,78 EUR − 38,52 EUR − 201,11 EUR
432 ct + 598 ct + 706 ct	1 050 ct − 807 ct − 112 ct	269,67 EUR + 20,00 EUR + 182,43 EUR	100,00 EUR − 72,47 EUR − 17,03 EUR	884 ct + 1 032 ct + 7 448 ct	6 542 ct − 1 085 ct − 397 ct

Ergebnisse: (nur in EUR!) 1,31 EUR; 3,11 EUR; 8,00 EUR; 10,50 EUR 17,36 EUR; 50,60 EUR; 54,94 EUR; 67,15 EUR; 71,57 EUR; 93,64 EUR; 233,41 EUR; 409,52 EUR; 472,10 EUR; 863,14 EUR; 1 282,78 EUR; 1 759,00 EUR; 1 821,36 EUR; 2 509,28 EUR.

⑥

·	4	7	10
24 EUR			
61 ct			
2,50 EUR			
100 EUR			
5 ct			

⑦

:	2	5	10
10 EUR			
1,50 EUR			
80 ct			
700 EUR			
0,50 EUR			

Wandle in die angegebene Einheit um.

①

1 t	t	3 t	t	t	t	t	6,8 t	0,5 t
kg	700 kg	kg	3 500 kg	820 kg	70 kg	310 kg	kg	kg

②

1 kg	1,5 kg	kg	kg	80 kg	0,1 kg	kg	0,6 kg	kg
g	g	500 g	1 000 g	g	g	750 g	g	111 g

③

1 g	3,5 g	0,5 g	g	0,1 g	g	g	12,5 g	7,1 g
mg	mg	mg	2 800 mg	mg	10 000 mg	100 mg	mg	mg

④

kg	5 632 kg	1,5 kg	kg	kg	kg	$\frac{1}{10}$ kg	$\frac{1}{4}$ kg	$\frac{1}{2}$ kg
1 758 g	t	g	800 g	$\frac{1}{5}$ t	$\frac{3}{4}$ t	g	g	g

⑤

$\frac{1}{2}$ g	5 g	8 053 g	g	g	g	125 g	g	875 g
mg	kg	kg	$\frac{1}{8}$ kg	1 200 mg	$\frac{1}{5}$ kg	kg	3,0 kg	kg

Gib in Kommaschreibweise an.

⑥

24 t 380 kg	=	t
109 kg 50 g	=	kg
8 g 793 mg	=	g
13 kg 200 g	=	kg
7 t 1 kg	=	t
2 kg 501 g	=	kg

⑦

$\frac{1}{2}$ kg 100 g	=	kg
1 t 508 kg	=	t
2,2 t 800 kg	=	t
1,5 kg 700 g	=	kg
$\frac{1}{2}$ g 300 mg	=	g
5,1 kg 950 g	=	kg

Ergebnisse: 8,793 g; 0,800 g; 2,501 kg; 109,050 kg; 0,600 kg; 2,200 kg; 6,050 kg; 13,200 kg; 1,508 t; 3,000 t; 7,001 t; 24,380 t.

⑧

28,364 kg	132,451 t	489,503 g	856,007 mg
+ 71,736 kg	+ 200,882 t	− 366,047 g	− 754,997 mg

Ergebnisse: Du erhältst jeweils eine auffällige Zahl.

⑨

·	3	5	10
12,5 t			
50 kg			
0,3 mg			
$\frac{1}{2}$ g			
100 kg			

:	4	6	12
288 kg			
7,2 g			
144 t			
600 g			
4 800 mg			

Größen: Längen

Wandle in die angegebene Einheit um.

①

1 m	5 m	m	0,3 m	m	$\frac{1}{2}$ m	m	50 m	m
dm	dm	60 dm	dm	700 dm	dm	1 200 dm	dm	1 dm

②

1 dm	dm	dm	9 dm	dm	dm	1,8 dm	0,4 dm	$\frac{1}{2}$ dm
cm	100 cm	53 cm	cm	20 cm	176 cm	cm	cm	cm

③

1 cm	cm	cm	225 cm	cm	2 $\frac{1}{2}$ cm	cm	61,5 cm	cm
mm	30 mm	815 mm	mm	88 mm	mm	5 mm	mm	1000 mm

④

43 km =	m
105 km =	m
27 km =	m
8 km =	m
62 km =	m

(Summe = 245 000 m)

⑤

$\frac{1}{2}$ km =	m
0,7 km =	m
1,2 km =	m
1 $\frac{1}{4}$ km =	m
3,8 km =	m

(Summe = 7 450 m)

⑥

2,4 km =	m
km =	5 832 m
0,1 km =	m
km =	18 471 m
km =	516 m

(Summe: 27,319 km = 27 319 m)

⑦

1 $\frac{1}{2}$ m	0,3 km	$\frac{1}{4}$ dm	0,25 m	0,3 cm	0,2 m	777 m	0,5 km	154 dm
dm	m	cm	mm	mm	dm	dm	m	cm

⑧

8,2 m	m	0,75 m	m	$\frac{1}{5}$ m	m	1 $\frac{1}{4}$ m	m	0,1 m
cm	185 cm	cm	6 511 cm	cm	75 cm	cm	50 cm	cm

Berechne.

⑨

0,83 m + 2,10 m + 3,07 m	918,0 cm + 0,2 cm + 57,8 cm	432 mm + 846 mm + 722 mm	64,8 dm − 15,0 dm − 37,8 dm	43,3 cm − 21,5 cm − 11,8 cm	17,600 km − 5,400 km − 8,300 km
2,80 m + 74 cm + 460 mm	m + m + m	12,7 km + 6 800 m + $\frac{1}{2}$ km	km + km + km	690 mm + 52 cm + 1,09 m	cm + cm + cm
3,10 m · 17	18,5 cm · 25	1,7 km · 320	100 dm : 4 =	396 mm : 3 =	530 km : 10 =

Ergebnisse: 132 mm; 2 000 mm; 10 cm; 230 cm; 462,5 cm; 976 cm; 25 dm; 12,0 dm; 4 m; 6 m; 52,7 m; 3,9 km; 20 km; 53 km; 544 km.

Wandle in die angegebene Einheit um.

①

1 m²	5 m²	m²	4 m²	m²	9 m²	m²	12 m²	40 m²
dm²	dm²	700 dm²	dm²	800 dm²	dm²	1000 dm²	dm²	dm²

②

1 dm²	dm²	3 dm²	dm²	67 dm²	81 dm²	dm²	$\frac{1}{2}$ dm²	dm²
cm²	200 cm²	cm²	500 cm²	cm²	cm²	4 300 cm²	cm²	150 cm²

③

1 cm²	cm²	cm²	15 cm²	2 cm²	cm²	cm²	1 $\frac{1}{2}$ cm²	cm²
mm²	300 mm²	1800 mm²	mm²	mm²	8700 mm²	10000 mm²	mm²	25 mm²

④

17 dm²	m²	50 cm²	mm²	30000 cm²	110 dm²	$\frac{1}{4}$ m²	5 m²	cm²
cm²	40000 cm²	mm²	4 dm²	m²	cm²	dm²	cm²	6 dm²

⑤ 1 km² = ha; 1 ha = a; 1 a = m²

1 km² = a; 1 a = m²; 1 m² = dm²

1 km² = m²; 1 m² = dm²; 1 dm² = cm²

Gib in Kommaschreibweise an.

⑥

5 m² 70 dm² =	m²
17 m² 90 dm² =	m²
3 m² 85 dm² =	m²
8 m² 55 dm² =	m²
12 m² 192 dm² =	m²
4 m² 108 dm² =	m²

⑦

72 cm² 43 mm² =
169 cm² 38 mm² =
85 cm² 17 mm² =
4 cm² 150 mm² =
203 cm² 2 mm² =
11 cm² 350 mm² =

Ergebnisse: Die Summe der sechs Flächen beträgt: 55 m² und 550 cm².

⑧

251,35 m²
+ 308,76 m²

1 464,70 cm²
+ 835,49 cm²

8 901,01 dm²
− 5 786,93 dm²

3 428,47 mm²
− 1 736,25 mm²

Quersumme der Ergebnisse: 13; 15; 17; 22.

Rechne vorteilhaft.

⑨

·	5	10	15
80 m²			
150 cm²			
200 cm²			

⑩

:	25	50	100
600 km²			
1 300 m²			
7 000 cm²			

Größen: Volumen

Wandle in die angegebene Einheit um.

①

1 m^3	m^3	m^3	3 m^3	m^3	$5\frac{1}{2}$ m^3	m^3	0,4 m^3	m^3
dm^3	7 000 dm^3	15000 dm^3	dm^3	8 500 dm^3	dm^3	500 dm^3	dm^3	100 dm^3

②

1 dm^3	4 dm^3	dm^3	11 dm^3	dm^3	2,1 dm^3	dm^3	dm^3	$\frac{1}{4}$ dm^3
cm^3	cm^3	3 000 cm^3	cm^3	1 500 cm^3	cm^3	20000 cm^3	700 cm^3	cm^3

③

1 cm^3	cm^3	cm^3	9 cm^3	cm^3	0,8 cm^3	cm^3	$\frac{1}{5}$ cm^3	cm^3
mm^3	6 000 mm^3	42000 mm^3	mm^3	200 mm^3	mm^3	3 333 mm^3	mm^3	800 mm^3

Gib in Kommaschreibweise an.

④

2 m^3 480 dm^3 =
15 m^3 300 dm^3 =
48 m^3 741 dm^3 =
36 m^3 205 dm^3 =
7 m^3 166 dm^3 =
92 m^3 108 dm^3 =

⑤

1 dm^3 106 cm^3 =
12 dm^3 453 cm^3 =
3 dm^3 310 cm^3 =
4 dm^3 547 cm^3 =
2 dm^3 284 cm^3 =
7 dm^3 300 cm^3 =

⑥

27 cm^3 397 mm^3 =
8 cm^3 50 mm^3 =
15 cm^3 153 mm^3 =
30 cm^3 200 mm^3 =
6 cm^3 75 mm^3 =
12 cm^3 125 mm^3 =

⑦

31 m^3 100 dm^3 =
9 m^3 10 dm^3 =
15 m^3 1 dm^3 =
7 m^3 777 dm^3 =
14 m^3 208 dm^3 =
23 m^3 904 dm^3 =

Du erhältst als Summe der sechs Ergebnisse: 202 m^3; 31 dm^3; 99 cm^3; 101 m^3.

⑧ 1 m^3 + 234 dm^3 + 66 dm^3 =

3 m^3 + 521 dm^3 + 479 dm^3 =

5 m^3 – 763 dm^3 – 37 dm^3 =

7 m^3 – 492 dm^3 – 8 dm^3 =

Du Summe der vier Ergebnisse lautet: 16 m^3.

Rechne vorteilhaft.

⑨

·	5	11	15
30 m^3			
120 m^3			
500 m^3			

⑩

:	25	50	100
800 dm^3			
1 500 dm^3			
3 800 dm^3			

Wandle in die angegebene Einheit um. Jahr (a); Monat (Mon); Tag (d).

①

1 a	1 a	a	a	$\frac{1}{2}$ a	4 a	a	a	3 a
Mon		36 Mon	———	Mon	Mon	Mon	120 Mon	Mon
———	d	———	730 d	———	d	1 825 d	d	d

②

1 d	d	2 d	d	d	7 d	d	$\frac{1}{3}$ d	d
h	12 h	h	36 h	6 h	h	3 h	h	18 h

③

1 h	———	1 h	h	$\frac{1}{2}$ h	h	h	h	3 h
min	1 min	———	45 min	min	min	120 min	min	min
———	s	s	s	s	900 s	s	5 400 s	s

④

11 a	1 d	11 h	111 min	1 h	11 a	$\frac{1}{10}$ h	$\frac{1}{10}$ a	$\frac{1}{10}$ min
Mon	min	min	s	s	d	min	d	s

⑤

min	d	a	h	h	d	d	h	d
240 s	168 h	96 Mon	480 min	36 000 s	144 h	2 880 min	1 800 s	240 h

Gib in den vorgegebenen Einheiten an.

⑥

452 s =	7 min 32 s	
156 s =	min	s
571 s =	min	s
694 s =	min	s
347 s =	min	s

⑦

72 min =	h	min
137 min =	h	min
200 min =	h	min
346 min =	h	min
505 min =	h	min

⑧

60 h =	d	h
41 h =	d	h
125 h =	d	h
75 h =	d	h
35 h =	d	h

Du erhältst als Summe der fünf Ergebnisse: 37 min; 21 h; 14 d.

⑨ 1 h 13 min + 5 h 25 min =

5 h 18 min + 3 h 45 min =

3 h 22 min + 4 h 57 min =

Die Summe der drei Zeiten beträgt 24 h.

⑩ 7 h 58 min − 5 h 44 min =

13 h 25 min − 8 h 55 min =

9 h 12 min − 3 h 56 min =

Die Summe der drei Zeiten beträgt 12 h.

⑪

Das Doppelte von	37 s =	112 min =	25 h =	67 a =
Die Hälfte von	13 h =	35 d =	152 s =	162 d =

Das Quadrat

① Berechne den Umfang des Quadrates.

a	6 cm	9 cm	7 cm	8 cm	12 cm	15 cm	11 cm	14 cm
u								

a	25 cm	16 dm	17 cm	19 m	41 dm	35 cm	51 cm	89 cm
u								

a	42 dm	61 cm	27 m	21 dm	18 cm	31 dm	23 m	34 m
u								

② Berechne den Umfang eines Quadrates in **cm.**

a	13 dm	23 dm	25 dm	60 mm	75 mm	64 dm	65 mm	48 dm
u								

Wenn du alle Ergebnisse addierst, erhältst du 7 000 cm.

③ Berechne den Umfang eines Quadrates in **cm.**

a	7 dm 5 cm	1 m 7 dm	1 m 7 cm	52 dm 1 cm	7 dm 8 cm	4 m 2 dm
u						

Ungeordnete Ergebnisse: 680 cm; 2 084 cm; 300 cm; 428 cm; 1 680 cm; 312 cm.

a	6 dm 1 cm	12 dm 9 cm	2 m 5 cm	2 m 5 dm	6 m 12 cm	3 m 9 dm
u						

Ungeordnete Ergebnisse: 820 cm; 2 448 cm; 244 cm; 516 cm; 1 560 cm; 1 000 cm.

④ Berechne die Seitenlänge eines Quadrates.

a								
u	320 cm	480 cm	500 cm	800 dm	640 cm	460 cm	808 cm	832 cm

a								
u	160 cm	140 dm	660 cm	164 m	804 dm	360 cm	296 cm	232 cm

⑤ Berechne die fehlenden Größen eines Quadrates.

a	44 dm		71 cm	69 dm			95 dm	
u		132 dm			152 dm	816 dm		484 dm

a		57 dm		83 cm		78 cm		64 m
u	792 cm		128 cm		628 cm		300 cm	

① Berechne den Flächeninhalt des Quadrates.

a	37 cm	61 cm	26 cm	41 cm	83 cm	67 cm	28 cm	53 cm
A								

Ungeordnete Ergebnisse: 676 cm²; 6 889 cm²; 1 369 cm²; 4 489 cm²; 3 721 cm²; 784 cm²; 2 809 cm²; 1 681 cm².

a	43 cm	87 cm	51 cm	44 cm	65 cm	59 cm	73 cm	81 cm
A								

Ungeordnete Ergebnisse: 1 936 cm²; 7 569 cm²; 4 225 cm²; 3 481 cm²; 1 849 cm²; 2 601 cm²; 6 561 cm²; 5 329 cm².

a	63 dm	95 dm	48 dm	56 dm	34 dm	23 cm	55 dm	82 cm
A								

Ungeordnete Ergebnisse: 2 304 dm²; 3 969 dm²; 1 156 dm²; 9 025 dm²; 6 724 cm²; 3 136 dm²; 529 cm²; 3 025 dm².

② Berechne den Flächeninhalt des Quadrates in cm².

a	7 dm	4 dm 3 cm	5 dm 6 cm	9 dm 6 cm	8 dm 4 cm	1 m 17 cm
A						

Ungeordnete Ergebnisse: 1 849 cm²; 7 056 cm²; 4 900 cm²; 13 689 cm²; 3 136 cm²; 9 216 cm².

③ Berechne den Flächeninhalt des Quadrates in dm².

a	2 m 3 dm	9 m 2 dm	12 m	6 m 1 dm	2 m 9 dm	7 m 3 dm
A						

Ungeordnete Ergebnisse: 8 464 dm²; 5 329 dm²; 529 dm²; 841 dm²; 14 400 dm²; 3 721 dm².

a	4 m 9 dm	13 m 5 dm	12 m 7 dm	16 m 5 dm	40 cm	110 cm
A						

Ungeordnete Ergebnisse: 18 225 dm²; 27 225 dm²; 16 dm²; 2 401 dm²; 121 dm²; 16 129 dm².

a	3 m 50 cm	7 m 20 cm	12 m 10 cm	8 m 1 dm	130 cm	5 070 cm
A						

Ungeordnete Ergebnisse: 5 184 dm²; 257 049 dm²; 14 641 dm²; 169 dm²; 1 225 dm²; 6 561 dm².

④ Berechne die Seitenlänge des Quadrates im Kopf.

a								
A	16 cm²	81 cm²	121 cm²	64 cm²	144 cm²	49 cm²	100 cm²	169 cm²

a								
A	3 600 cm²	10 000 cm²	6 400 cm²	12 100 cm²	4 900 cm²	40 000 cm²	14 400 cm²	90 000 cm²

Das Rechteck

① Berechne den Umfang des Rechtecks. (Alle Ergebnisse enden mit einer 0)

a	68 cm	12 cm	11 cm	28 cm	20 cm	53 cm	18 cm	51 cm
b	12 cm	48 cm	69 cm	7 cm	15 cm	12 cm	67 cm	54 cm
u								

a	54 m	58 dm	78 cm	81 dm	98 cm	65 cm	91 m	31 dm
b	66 m	17 dm	72 cm	49 dm	42 cm	80 cm	49 m	54 dm
u								

② Berechne den Umfang des Rechtecks.

a	60 cm	57 cm	99 cm	87 cm	83 cm	18 cm	54 cm	78 cm
b	51 cm	92 cm	39 cm	75 cm	52 cm	87 cm	47 cm	69 cm
u								

Ungeordnete Ergebnisse: 276 cm; 270 cm; 222 cm; 202 cm; 324 cm; 294 cm; 298 cm; 210 cm.

a	56 cm	45 dm	91 m	29 cm	76 dm	67 cm	68 dm	75 dm
b	84 cm	61 dm	98 m	85 cm	57 dm	62 cm	33 dm	98 dm
u								

Ungeordnete Ergebnisse: 378 m; 266 dm; 280 cm; 346 dm; 212 dm; 258 cm; 202 dm; 228 cm.

a	64 cm	63 dm	49 mm	55 cm	86 cm	3 dm	66 dm	7 cm
b	1 dm	7 m	5 cm	45 cm	8 dm	69 cm	25 dm	25 mm
u								

Ungeordnete Ergebnisse: 200 cm; 266 dm; 190 mm; 198 cm; 182 dm; 332 cm; 198 mm; 148 cm.

③ Berechne die fehlenden Seiten eines Rechtecks im Kopf.

a	60 cm	90 cm	30 cm				90 cm	
b				50 cm	90 cm	110 cm		70 cm
u	260 cm	240 cm	140 cm	260 cm	340 cm	320 cm	480 cm	420 cm

④ Berechne die fehlenden Seiten eines Rechtecks.

a	60 cm	23 cm	77 cm		83 cm		56 cm	
b				37 cm		57 cm		13 cm
u	170 cm	80 cm	170 cm	200 cm	198 cm	190 cm	160 cm	152 cm

Ungeordnete Ergebnisse: 8 cm; 38 cm; 25 cm; 63 cm; 24 cm; 16 cm; 63 cm; 17 cm.

a	70 cm		58 cm			39 m	94 m	
b		23 cm		7 dm	25 dm			77 dm
u	208 cm	142 cm	204 cm	170 dm	104 dm	120 m	284 m	272 dm

Ungeordnete Ergebnisse: 44 cm; 27 dm; 48 m; 34 cm; 59 dm; 21 m; 48 cm; 78 dm.

① Berechne den Flächeninhalt des Rechtecks im Kopf.

a	9 cm	10 cm	7 cm	8 cm	19 cm	5 cm
b	4 cm	6 cm	19 cm	12 cm	8 cm	13 cm
A						

a	22 cm	33 cm	57 cm	63 cm	77 cm	25 cm
b	5 cm	7 cm	3 cm	8 cm	5 cm	5 cm
A						

② Berechne den Flächeninhalt des Rechtecks.

a	83 cm	65 cm	81 cm	36 cm	28 cm	46 cm
b	35 cm	45 cm	11 cm	54 cm	95 cm	42 cm
A						

Ungeordnete Ergebnisse: 891 cm^2; 2 905 cm^2; 1 944 cm^2; 1 932 cm^2; 2 925 cm^2; 2 660 cm^2.

a	32 dm	93 cm	19 m	51 dm	84 m	41 cm
b	92 dm	37 cm	82 m	84 dm	26 m	66 cm
A						

Ungeordnete Ergebnisse: 1 558 m^2; 2 944 dm^2; 2 184 m^2; 3 441 cm^2; 4 284 dm^2; 2 706 cm^2.

a	85 m	39 dm	77 cm	43 m	93 m	92 cm
b	82 m	65 dm	53 cm	61 m	35 m	52 cm
A						

Ungeordnete Ergebnisse: 6 970 m^2; 4 784 cm^2; 4 081 cm^2; 2 535 dm^2; 3 255 m^2; 2 623 m^2.

③ Berechne die fehlenden Seiten eines Rechtecks im Kopf.

a	8 cm			17 cm		15 cm
b		5 cm	9 cm		16 cm	
A	56 cm^2	45 cm^2	108 cm^2	136 cm^2	112 cm^2	90 cm^2

④ Berechne die fehlenden Seiten eines Rechtecks.

a	26 m		98 m		62 dm	42 dm
b		61 m		41 m		
A	1 196 m^2	2 745 m^2	3 626 m^2	2 911 m^2	3 782 dm^2	1 638 dm^2

Ungeordnete Ergebnisse: 37 m; 61 dm; 46 m; 71 m; 39 dm; 45 m.

Der Würfel

① Berechne die Oberfläche des Würfels.

a	16 cm	24 cm	11 cm	21 cm	17 cm	67 cm
O						

Ungeordnete Ergebnisse: 726 cm^2; 1 734 cm^2; 1 536 cm^2; 26 934 cm^2; 2 646 cm^2; 3 456 cm^2.

a	51 dm	47 dm	35 cm	19 dm	77 cm	93 cm
O						

Ungeordnete Ergebnisse: 7 350 cm^2; 35 574 cm^2; 15 606 dm^2; 2 166 dm^2; 51 894 cm^2; 13 254 dm^2.

a	32 dm	26 dm	33 cm	50 cm	42 dm	87 cm
O						

Ungeordnete Ergebnisse: 6 534 cm^2; 45 414 cm^2; 6 144 dm^2; 15 000 cm^2; 10 584 dm^2; 4 056 dm^2.

② Berechne das Volumen des Würfels.

a	18 cm	27 cm	13 cm	34 cm	25 cm	14 cm
V						

Ungeordnete Ergebnisse: 2 197 cm^3; 15 625 cm^3; 5 832 cm^3; 2 744 cm^3; 39 304 cm^3; 19 683 cm^3.

a	28 dm	44 dm	23 dm	15 cm	22 dm	29 cm
V						

Ungeordnete Ergebnisse: 12 167 dm^3; 3 375 cm^3; 24 389 cm^3; 21 952 dm^3; 10 648 dm^3; 85 184 dm^3.

a	56 cm	3 dm	12 cm	26 cm	20 dm	39 cm
V						

Ungeordnete Ergebnisse: 17 576 cm^3; 27 dm^3; 175 616 cm^3; 59 319 cm^3; 1 728 cm^3; 8 000 dm^3.

③ Berechne die Kantenlänge des Würfels.

O	96 cm^2	150 cm^2	24 cm^2	54 cm^2	216 cm^2	486 cm^2
a						

Ungeordnete Ergebnisse: 2 cm; 9 cm; 5 cm; 3 cm; 6 cm; 4 cm.

④ Berechne die fehlenden Größen des Würfels.

a	36 cm		48 cm	80 cm		31 cm
O		294 cm^2			384 cm^2	
V						

Ungeordnete Ergebnisse: 7 cm; 110 592 cm^3; 512 000 cm^3; 29 791 cm^3; 343 cm^3; 512 cm^3; 5 766 cm^2; 46 656 cm^3; 7 776 cm^2; 8 cm; 38 400 cm^2; 13 824 cm^2.

a	43 cm		45 cm			58 cm
O		600 cm^2		5 400 cm^2	2 400 cm^2	
V						

Ungeordnete Ergebnisse: 1 000 cm^3; 8 000 cm^3; 195 112 cm^3; 30 cm; 10 cm; 79 507 cm^3; 11 094 cm^2; 12 150 cm^2; 91 125 cm^3; 20 184 cm^2; 20 cm; 27 000 cm^3.

① Berechne das Volumen des Quaders.

a	7 cm	12 cm	19 cm	24 cm	31 cm	35 cm
b	6 cm	9 cm	12 cm	19 cm	27 cm	25 cm
c	5 cm	8 cm	8 cm	12 cm	17 cm	15 cm
V						

Ungeordnete Ergebnisse: 5 472 cm^3; 13 125 cm^3; 210 cm^3; 1 824 cm^3; 14 229 cm^3; 864 cm^3.

a	42 cm	56 cm	47 cm	63 cm	52 cm	31 cm
b	19 cm	34 cm	20 cm	47 cm	50 cm	29 cm
c	12 cm	23 cm	12 cm	30 cm	42 cm	27 cm
V						

Ungeordnete Ergebnisse: 11 280 cm^3; 109 200 cm^3; 9 576 cm^3; 24 273 cm^3; 88 830 cm^3; 43 792 cm^3.

a	70 cm	31 dm	91 dm	79 cm	82 cm	70 cm
b	25 cm	17 dm	42 dm	61 cm	54 cm	37 cm
c	12 cm	19 dm	53 dm	13 cm	16 cm	40 cm
V						

Ungeordnete Ergebnisse: 10 013 dm^3; 62 647 cm^3; 21 000 cm^3; 103 600 cm^3; 202 566 dm^3; 70 848 cm^3.

② Berechne die Oberfläche des Quaders.

a	7 cm	11 cm	18 cm	31 cm	25 cm	41 cm
b	5 cm	9 cm	16 cm	29 cm	17 cm	29 cm
c	3 cm	8 cm	14 cm	17 cm	12 cm	11 cm
O						

Ungeordnete Ergebnisse: 518 cm^2; 3 838 cm^2; 3 918 cm^2; 142 cm^2; 1 528 cm^2; 1 858 cm^2.

a	36 cm	51 cm	50 cm	77 cm	69 cm	88 cm
b	26 cm	47 cm	40 cm	61 cm	52 cm	70 cm
c	16 cm	32 cm	30 cm	52 cm	41 cm	50 cm
O						

Ungeordnete Ergebnisse: 9 400 cm^2; 28 120 cm^2; 3 856 cm^2; 23 746 cm^2; 11 066 cm^2; 17 098 cm^2.

a	62 cm	91 cm	57 dm	46 dm	123 cm	67 dm
b	39 cm	88 cm	24 dm	39 dm	80 cm	58 dm
c	12 cm	62 cm	19 dm	31 dm	50 cm	41 dm
O						

Ungeordnete Ergebnisse: 38 212 cm^2; 39 980 cm^2; 18 022 dm^2; 7 260 cm^2; 5 814 dm^2; 8 858 dm^2.